JUNO HAIR

depuis 1982

최훈민 부원장의 시간

가위 하나로 마음을 다듬고, 손끝으로 기적을 만든 시간,
디자이너이자 작가인 최훈민의 땀과 열정, 환한 웃음이
사진으로 피어납니다.

'준오헤어'에서의 열정 어린 순간들,
무대 위 수상의 벅찬 찰나, 그리고
먼 나라에서 건넨 따뜻한 손길까지…

그 모든 이야기를 한 장면, 한 장면을 화보로 담았습니다.
기억은 흐르지만, 추억은 남습니다. 작지만 반짝이는
가위가 남긴 선명한 흔적입니다.

옷은 무채색이지만 그 안에 담긴 가위의 열정과 고객을 향한
최훈민 디자이너의 사랑은 그 어떤 색보다 깊고 선명하다.

하루의 시작과 끝이 머무는 곳, 준오헤어 홍대입구역점. 거리의 활기 속에서도, 숍 안에서는 오직 고객만을 향한 진심이 고요하게 흐르고 있다. 무엇보다 최훈민 부원장의 열정이 스며든 공간, 그곳에서 머리카락은 예술이 되고, 일상은 기적으로 빛난다. 준오헤어 홍대점 외부의 세련됨과 내부의 정갈한 온기, 장면마다 최훈민 부원장의 손끝에서 탄생하는 아름다움이 차곡차곡 쌓여 있다.

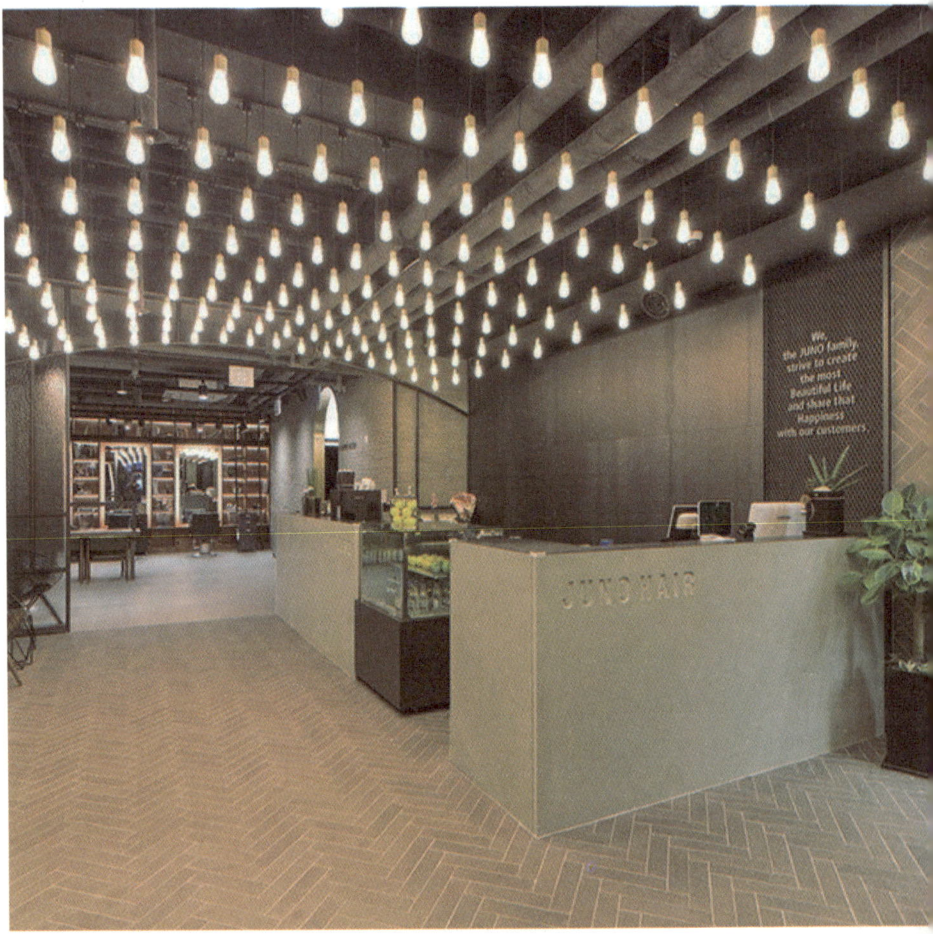
We,
the JUNO family,
strive to create
the most
Beautiful Life
and share that
Happiness
with our customers.
JUNO HAIR

JUNO HA

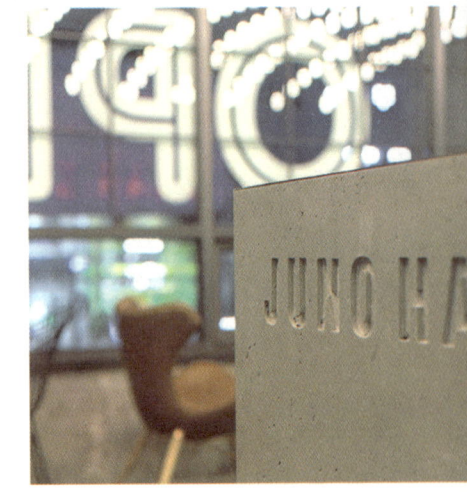

Welcome to
O HAIR
1982
1992
2005
2006
2008
2011
2012
2013
2016
1996
2002
2007
2009
2010
2014

"영광은 위에 놓고, 그는 여전히 사람을 빛낸다." — 나란히 놓인 세 개의 영광의 상패(준오 최고 10인에게 주어지는 상, 매월 수입 4천만 원 이상 1년간 유지할 때 얻는 상 2년 연속 수상)는 그가 걸어온 길을 증명하지만, 최훈민 부원장은 오늘도 고객의 머리카락 한 올 한 올에 온 마음을 담는다. 숍 한켠의 시술 의자에서도, 무대 위 강연에서도 그의 열정은 멈추지 않는다.

"가위의 언어로 말하던 사람이, 이제는 말로 가위를 전한다. 디자이너 최훈민 부원장의 강의는 단지 이론이 아니라 경험이고, 기술이 아니라 온기다."
— 누군가의 머릿결을 다듬던 손이 이젠 누군가의 꿈을 다듬는다. 화보 속엔 그가 전하고픈 진짜 헤어디자이너의 철학이 살아 숨 쉬고 있다.

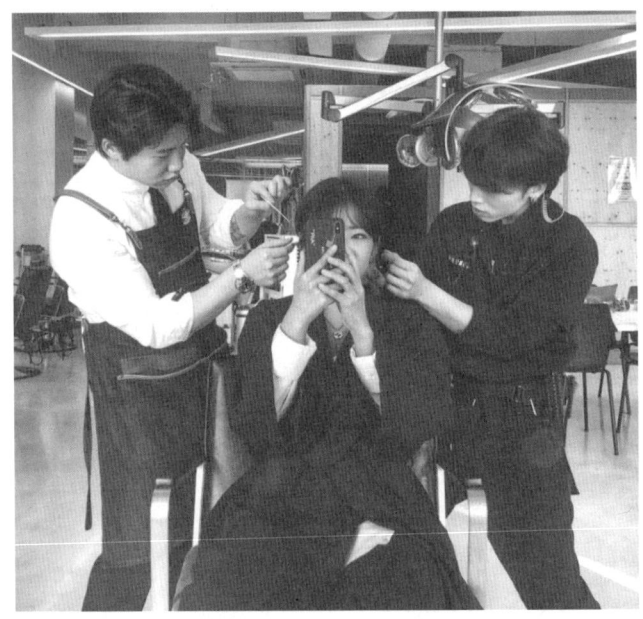

"고객의 머릿결 위로
흐르던 시간"
— 스승님의 따뜻한
손길과 함께 머리카락을
다듬던 그 순간들, 말없이
전해지던 배움과 마음,
그 아련한 공기가 아직도
손끝에 남아 있습니다.

"소파에 나란히 앉은
스승님과 제자"
— 말보다 더 깊은 울림은
침묵 사이를 흐른다.
편안한 자세로 나눈
대화 속, 삶과 예술은
자연스럽게 이어졌다.

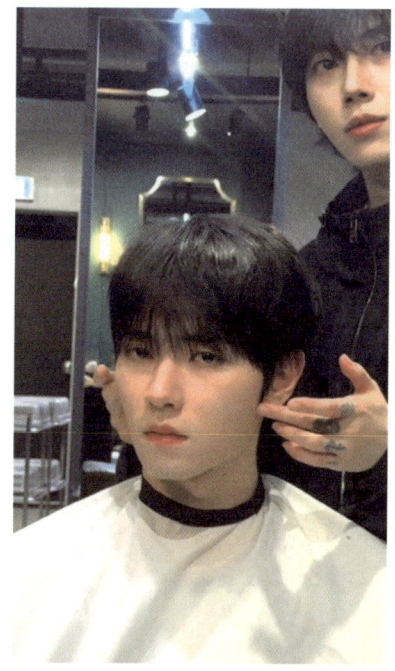

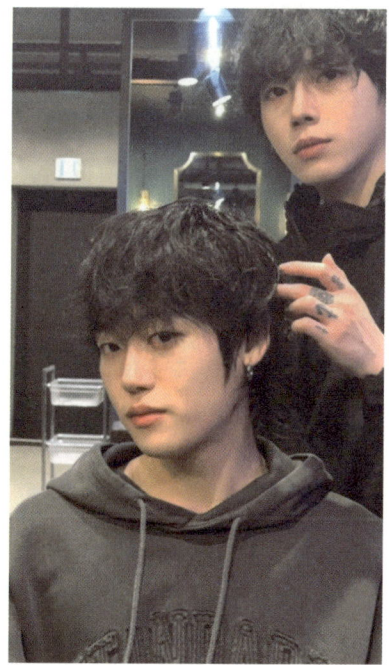

"신앙의 뿌리에서 피어난 가위 봉사" — 머리카락보다 먼저 다가간 건 사랑이었습니다. 바쁜 준오 살롱 일정을 뒤로하고, 그가 낯선 땅 캄보디아의 작은 마을에서 전하는 위로의 손길. 그는 말이 통하지 않는 아이들에게 친근감과 유쾌함을 주려고 판토마임을 하고 있다. 그 작은 마음 하나, 손길 하나에는 아이들의 눈망울이 별처럼 반짝인다. 최훈민 부원장이 아이들의 머리를 진심을 담아 정성껏 다듬고 있다.

가위가 건네는 작은 기적

가위가 건네는 작은 기적

초판 인쇄 2025년 8월 15일
초판 발행 2025년 8월 20일

지은이 최훈민 | 펴낸이 김문수
펴낸곳 생각하는 갈대 | 등록번호 제2023-000027호
주소 22376 인천시 중구 신도시남로 15, 104동 506호
전화 02-6953-0442 | 팩스 02-6455-5795
이메일 moonsu44@daum.net
ISBN 979-11-985509-4-1 (03190)
값 18,500원

* 본서의 무단복제를 금하며, 잘못된 책은 구입처에서 바꾸어 드립니다.

가위가 건네는 작은 기적

최훈민 지음

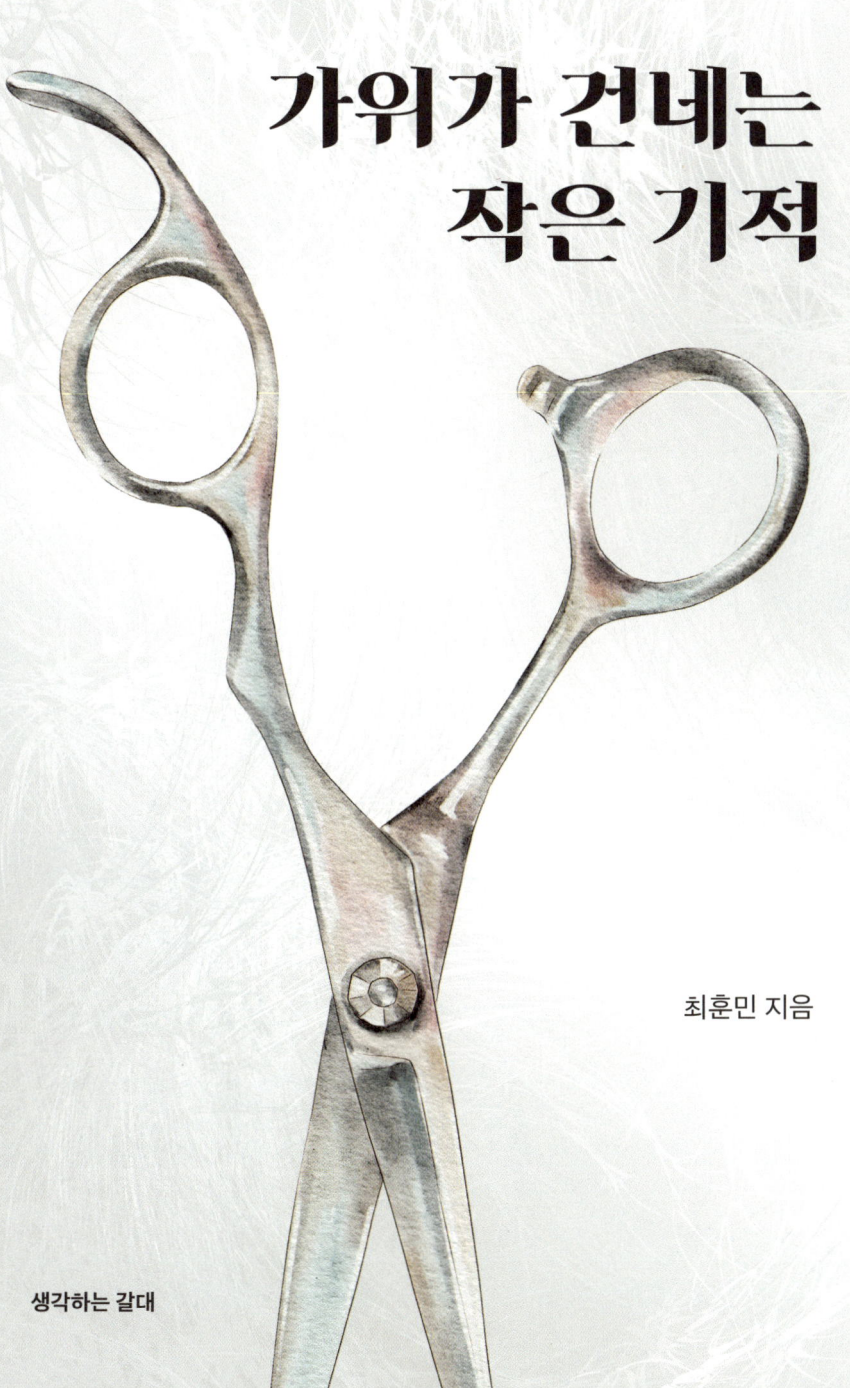

생각하는 갈대

추천사 ───────

강윤선 대표가 본 최훈민 부원장

매달 진행되는 '준오독수리조찬클럽'에서 그 아침 자리에 어느 날부터인가 매달 빠지지 않고 등장하는, 자기 색깔이 뚜렷한 한 사람이 있다. 화려한 스타일, 힙한 톡톡 튀는 감각, 언제 봐도 에너지가 넘치는 얼굴. 바로 우리 최훈민 부원장이다.

처음엔 강렬한 인상, 패션 센스가 눈길을 사로잡는다. 하지만 그 화려함 뒤에는 반전의 매력이 있다. 진중함, 배려, 그리고 묵직한 진심. 그는 단지 일 잘하는 디자이너가 아니라, 속내 깊은 사람이다.

최훈민 부원장은 경복대학교 준오헤어디자인과를 다니면서

헤어디자인에 대해 충실하게 경험하고, 인턴 시절부터 지금까지 늘 한결같은 성실함과 열정으로 성장해왔다.

그리고 그 노력은 숫자로도 증명된다. 많은 디자이너 중 상위권 연봉자 자리까지 올라가며 동료와 후배들에게도 '가능성의 상징'이 되었다. 일이 끝나고 동료들에게 커트 기술을 가르치며, 많은 이들에게 실력과 열정을 인정받고 있다.

내가 그를 진심으로 아끼는 이유는 고객 한 사람, 동료 한 사람에게도 늘 마음으로 다가가는 사람이기 때문이다. 기술보다 먼저 마음을 전하고, 아름다움보다 더 깊은 울림을 남기는 사람….

그는 미용을 단지 직업으로 보지 않는다. 사람의 삶에 스며드는 따뜻한 손길, 그게 바로 디자이너라는 사실을 온몸으로 보여준다.

이 책《가위가 건네는 작은 기적》은 그런 최훈민 부원장의 철학과 진심이 담긴 이야기다. 성공을 향한 치열한 현실보단 한 명의 디자이너가 어떤 마음으로 하루하루를 살아가는지를 보여주는 조용하지만 감동적인 기록이다.

나는 그가 앞으로 더 큰 혁신과 변화를 만들어나갈 사람이라고 믿는다. 준오헤어를 대표하는 또 하나의 디자이너이자, 이 시대의 진심 있는 리더로서 더 많은 사람들에게 따뜻한 울림을 전해주 길 바란다.

2025년 7월

(주)준오뷰티 대표이사 강윤선

추천사

가위 한 자루, 나는 매일 나를 자른다

"의자 하나, 세상의 모든 이야기가 시작되는 곳!"

드라마 작가로서 저는 평생 사람 사는 이야기에 목이 말랐습니다. 〈한 지붕 세 가족〉처럼 웃음과 눈물이 뒤섞인 평범한 이웃들의 삶을 드라마로 옮겨온 제게 《가위가 건네는 작은 기적》은 너무나 익숙하면서도 놀라운 드라마 한 편이었습니다.

미용실 의자는 신기한 공간입니다. 누군가는 새로운 인생을 준비하려 앉고, 누군가는 오래된 슬픔을 잘라내기 위해 앉습니다. 거울 앞에 마주 앉은 고객의 표정, 침묵, 미세한 떨림 하나하나에 작가는 서사를 읽고, 디자이너는 디자인이 아닌 '인생'을 만지게 됩니다.

이 책의 저자 준오헤어 부원장은 가위 하나로 사람의 삶을 다듬고, 자신의 자만과 실패도 매일매일 잘라내며 성장해왔습니다. 제가 밑줄을 그은 장면들은 화려한 성공담이 아니었습니다.

"사진처럼 해주세요"라는 주문에 담긴 고객의 소망과 현실 사이의 절실함. "다 맡길게요"라는 말 뒤에 숨은 고객의 불안을 읽어내기 위한 고도의 감각. 어느 날 단골손님의 눈물 앞에서 무너졌던 자만과 다시 샴푸실로 내려가 배우는 겸손의 시간….

이 모든 장면은 제가 드라마에서 쓰고자 하는 '진짜 사람의 이야기' 그대로였습니다. 이 책은 최훈민 부원장의 회고록이 아니라, 오늘을 살아가는 우리 모두의 이야기입니다.

실패와 자책, 겸손과 성장, 그리고 한 사람을 위한 집중. 이 책은 기술이 아니라 마음을 다루는 이야기입니다. 만약 제가 이 책을 드라마로 만든다면, 아마 이렇게 시작할 겁니다.

온갖 상을 휩쓴 최고의 디자이너가 어느 날 "이 머리, 저 같지 가 않아요"라며 눈물 흘리는 단골손님 앞에서 얼어붙는 장면. 그리고 그날 밤, 샴푸실에 홀로 앉아 스무 살의 자신에게 묻는 장면.

"넌 도대체 왜, 머리를 만지기 시작했니?"

그 질문이 이 책을 관통하는 중심이라 생각합니다.

이 책은 미용인, 헤어디자이너를 꿈꾸는 청춘에게는 따끔한 교과서가 되고, 정점에 선 베테랑에게는 서늘한 거울이 되며, 저 같은 이야기꾼에게는 놓칠 수 없는 명작 대본이 돼주었습니다.

가위 끝에서 피어나는 사람의 이야기가 얼마나 따뜻하고 치열한지, 수많은 분들이 이 책을 통해 함께 느끼시길 바랍니다.

2025년 7월

드라마 작가 이홍구

JUNO
HAIR

depuis 1982

PROLOGUE
프롤로그

─────────────────────── 가위로 삶을 빚다

나는 매일 가위를 듭니다. 머리카락을 자르는 게 아니라, 사실은 매일 나 자신을 자릅니다.

사람들은 쉽게 말합니다. "가위 하나로 20대에 그 유명한 준오헤어 부원장까지, 마침내 수억 원대 연봉자가 됐네요."

아니에요. 나는 가위로 세상을 자른 게 아닙니다. 내 안의 불안, 두려움, 열등감, 편견… 그걸 먼저 잘랐습니다. 내가 얼마나 나를 잘라냈는지, 그게 결국 커트에 그대로 묻어납니다.

나는 20대 후반에 준오헤어의 부원장이 되었습니다. 4천여 명의 헤어디자이너 중에서도 중요한 자리에 올라선 사람이죠. 하

지만 그 자리는 절대 영원하지 않습니다. 오늘의 커트가 어제보다 못하면, 고객이 행복해하지 않으면, 그 자리도 의미 없습니다. 그래서 나는 오늘도 인턴처럼 가위를 듭니다.

나는 한때, 세상에서 제일 빠른 디자이너인 줄 알았습니다. 재바르게 자르고, 트렌드만 잘 보면 되는 줄 알았죠. 그런 착각을 깨준 사람이 있었습니다. 어느 대기업 면접을 앞두고 찾아온 훈남 고객이었어요. 나는 트렌디한 스타일만 생각했습니다. 그런데 그는 고개를 숙이며 이렇게 말했습니다.

"디자이너님, 이 머리… 나 같지 않아요."

그 말이 나를 무너뜨렸습니다. 내가 자른 건 머리카락이 아니라 그의 '자존감'이었죠.

그날 그 순간 나는 디자이너라는 자리를 내려놓고 다시 인턴 샴푸실로 들어갔습니다. 거울 속에서 겉만 화려한, 속은 텅 빈 나를 발견했습니다. 그리고 그곳에서 다시 시작했습니다. 머리카락보다 사람의 마음을 먼저 읽는 법을요. 무엇보다 내가 보는 고객과 고객이 자신을 보는 건 달랐어요. '고객을 깊은 신뢰와 감동으로 이끌지 못하는 헤어디자인이 무슨 소용인가'라는 비정한 메아리가 가슴 한 곳을 아프게 찔렀습니다. 가위는 두 조각 쇠붙이에 불과합니다. 그 안에 담긴 게 나 자신이죠.

중·고등학교 시절 해리 포터가 빗자루를 타고 나는 걸 보고, 나는 곧잘 가위를 타고 나는 꿈을 꾸었습니다. 밤늦게까지 사각거리는 어머니 가위소리에 취해 자랐으니까요.

헤어 세계의 자존심, 준오헤어에서 부원장은 내 육신을 갈아 넣고 뼈를 깎는 연습, 나만의 뜨거운 가위사랑이 빚어낸 정말 내게는 감당하기 어려운 '영광'의 자리입니다. 내 고객은 열에 아홉이 단골이고 거의 비슷한 또래입니다. 헤어스타일로 인생의 행복을 찾아가면서 품격 있는 삶으로 우리 함께 예쁘고 아름답고 품격 있게 늙어가자고 속삭여요.

준오헤어라는 대양의 심해에서 캐낸 가위 '진주'를 준오의 온 가족이 오직 '고객 행복'을 위해 귀중한 보석처럼 매일매일 정성껏 자르고, 다듬고 가꾸어나갈 것입니다. 인생의 가치는 행복에 있습니다. 내가 행복하지 않고서는 고객을 행복하게 할 수 없습니다.

감각적인 디자인과 정성 어린 서비스로 고객의 마음을 사로잡으며 오늘 헤어디자인의 자존심을 키워내고 빚어올린 '준오헤어!' 준오헤어의 경영철학은 시스템에 기반한 디자인 헤어를 위한 핵심 철학인 '교육경영'과 '독서경영'에 기반을 두고 있습니다.

특히, "미치지 않으면 미치지 못한다 不狂不及"라는 말을 좋아하는 강윤선 대표님을 존경합니다. 그분의 꿈과 비전이 바로 내

꿈입니다. 나도 지금 헤어디자인이라는 일에 미쳐 있으니까요. 내가 준오헤어를 선택한 건 바로 이런 경영철학을 가진 준오헤어에서 더 나은 가위질을 꿈꿀 수 있다는 한 가지 '믿음' 때문입니다.

──── 손끝에서 시작된 변화, 마음에 닿다

어느 날, 한 사람이 조심스럽게 헤어숍의 문을 열고 들어옵니다. 무겁게 내려앉은 어깨, 말없이 엉킨 머리카락, 눈빛에 스친 작은 망설임. 그 순간 나는 단지 '머리'를 자르고 다듬는 사람이 아님을 다시 깨닫습니다. 나는 이 사람의 오늘을, 때로는 삶의 전환점을 함께하는 사람이라는 걸….

헤어디자인은 어쩌면 가장 눈에 띄지 않게 사람을 바꾸는 예술입니다. 그 눈빛을 들어 올리고, 뒷모습을 당당하게 만들고, 마침내 거울 앞에서 미소 짓게 합니다. 머리카락 몇 가닥의 흐름이 바뀌었을 뿐인데, 그의 하루가, 그가 마주할 세상이 완전히 달라집니다.

그 모든 변화는 가위를 쥔 손끝에서 시작합니다. 그러나 진짜 마법은 손이 아니라 '마음'에서 울려 나옵니다. 헤어디자이너라는 이름은 기술자가 아닌, 사람의 감정을 읽고, 그 삶의 결을 이해하고, 말보다 먼저 위로를 건네는 존재여야 한다고 믿습니다.

나에게 고객은 예약 명단에 적힌 단순한 이름 세 글자가 아닙니다. 매 순간 다른 이야기를 가지고 찾아오는 '한 사람'입니다. 그래서 나는 먼저 듣고, 묻고, 기다립니다. 그리고 내 손끝으로 그가 미처 몰랐던 새로운 자신을 꺼내어 보여줍니다. 그의 마음에 행복이 스며들고, 자신감이 자라나는 과정을 지켜보는 것. 그것이 내가 매일 가위를 드는 이유입니다.

이 책은 어쩌면, 가위로 삶을 조금씩 다듬어나가는 한 사람의 고백이자, 고객과 함께 써 내려간 감사의 기록입니다. 거창한 성공보다는 거울 앞의 미소 하나에 진심으로 반응할 수 있는 사람이 되고 싶었습니다. 그리고 지금 나는 여전히 그 길을 걷고 있습니다. 세상은 빠르게 변해가지만, 사람을 향한 진심은 결코 유행처럼 그렇게 가벼운 변덕을 부리지 않습니다.

이 책을 펼치는 당신이 누군가를, 혹은 스스로를 조금 더 사랑하게 되는 계기가 되기를 간절히 소망합니다. 그리고 당신이 어떤 모습으로 헤어숍을 찾아오건 나의 그 손끝에서 다시 시작되는 당신의 이야기를 행복으로, 미소 짓는 모습으로 다듬어나갈 것입니다. 나는 언제나 한결같은 마음으로, 또 설레는 기분으로 가위를 들고 기다릴 것입니다.

CONTENTS
차례

1	최훈민 부원장의 시간
23	추천사: 강윤선 대표가 본 최훈민 부원장 _ 강윤선
26	추천사: 가위 한 자루, 나는 매일 나를 자른다 _ 이홍구
30	프롤로그

PART 1 가위소리로 '행복'에 눈뜬 소년
어 린 시 절 과 각 성 의 시 간   43

45	메밀꽃 향기에 속삭이는 고독한 아이
50	청춘! 아프고 방황하고 흔들려도 괜찮아
55	행복은 내게 마치 운명처럼 찾아왔다
62	내가 '행복'은 '성적순이 아니란' 증거야!
67	항상 고객의 행복을 위해 가위를 잡는다
71	손끝에서 느껴진 희열, 그건 행복이었어
75	내 가위는 도구가 아니라 나의 기도다
80	어머니가 나에게 안겨준 두 가지 선물
85	가위를 보는 세상 사람들의 다양한 시선

PART 2 준오헤어 숲, 그 안에 깃들다
헤 어 디 자 이 너 로 서 의 성 장 기   9 1

- 93   가위소리는 나의 믿음, 고객은 나의 길
- 99   준오헤어숍 샴푸실에서 '사람'을 배우다
- 103   고객의 '말 없는 표정'이 나를 흔들었다
- 107   실패는 '나'를 부수고 다시 나를 빚었다
- 111   자르는 건 머리카락이 아닌 고객의 마음
- 115   부원장이라는 무게, 웃으며 버티는 법
- 119   고객의 밝은 미소가 준오헤어의 성공 지표
- 123   인생은 자르는 게 아니라 다듬는 것이다
- 127   우리는 준오의 숲에서 함께 자라는 나무
- 131   가위 끝에서 피어나는 'K-뷰티의 미학'

PART 3 가위로 그리는 행복의 실루엣
단 한 번 의   선 택 이   인 생 을   좌 우 한 다   1 3 5

- 137   한눈에 읽는 스타일, 손끝은 마법이 된다
- 142   헤어스타일을 바꾸면 삶이 바뀌게 된다
- 146   '단골'은 기술이 아니라 '기억'이 만든다
- 151   처음 가위를 잡던 날의 마음을 잊지 마라
- 155   먼저 디자이너가 행복해야 한다
- 159   '손'을 의심할 줄 아는 디자이너가 진짜다
- 163   매일 가위를 들 수 있다는 것은 축복이다
- 167   가위를 닦는 시간, 나를 닦는 시간
- 171   내가 좋아하는 길을 선택하는 것의 의미
- 176   최훈민의 '헤어스타일이 무엇이길래?'

PART 4 준오헤어 철학과 디자이너 사명
준 오 헤 어 철 학 이 나 를 만 들 었 다 !   1 8 1

183	오백 년을 내다보는 혜안, '준오'의 비전
190	당돌하고 자유로운 영혼을 품어준 준오헤어
197	내가 매일매일 준오헤어에 감사하는 이유
201	'내면'이 중요하지만 우리는 '외모'로 판단한다
205	준오헤어는 삶의 예술이자 인생의 태도다
209	테크닉은 흉내 내도 사람의 진심은 못 베껴
213	능력은 화려함보다 자유로움에서 나온다
217	헤어디자인으로 고객의 '감정'을 다듬는다
221	준오헤어의 철학이 오늘의 나를 만들었다
226	'준오' 후배 디자이너가 본 최훈민 부원장

232	에필로그
238	부록: 디자이너가 본 '준오헤어' 경영철학과 비전
253	준오헤어와 함께한 시간

PART 1

가위소리로 '행복'에 눈뜬 소년

어 린 시 절 과 각 성 의 시 간

메밀꽃 향기에 속삭이는 고독한 아이

가을이면 메밀 꽃향기와 하얀 꽃물결이 넘실대는 곳, 내 고향 강원도 평창군 봉평! 나 '최훈민'은 소설가 이효석의 문장 속에 꿈틀대던 그 마을에서 1996년 7월 9일 태어났다. 나는 메밀꽃 향기와 엄마의 땀 내음, 그리고 교회 목사님의 설교와 하나님의 사랑을 먹고 외롭게 피어났다.

엄마는 혼자였다. 세 살 어린 여동생 정음까지 홀로 키워야 했기에 늘 아침보다 더 이른 새벽을 살아야 했다. 그리고 저녁보다 더 늦은 한밤에 겨우 숨을 돌리는 팍팍한 삶이었다.

특히 초가을 '평창 효석문화제 봉평 메밀꽃 축제' 시즌 한 달은 각종 축제 일거리를 주문받아 소화하느라 매일 두세 시간밖에

햇살 가득한 어느 여름 날, 동생 정음이와 친구 그리고 나(오른쪽) 셋은 세상 모든 고민보다 더 빛나는 찬란한 시간을 집 앞 냇가에서 흘려보내고 있었다.

못 주무셨다. 밤마다 천 조각을 자르는 어머니의 가위소리는 고된 노동의 리듬이자 박자였다. 어머니는 메밀꽃 축제를 앞두고 밤낮없이 '인형'과 '메밀 건강 베개' 등 다양한 소품을 만들어 수입을 올리셨다.

나는 그 가위소리를 들으며 잠이 들었고, 가위가 천을 타고 지나가는 그 소리가 어느덧 내 귀엔 숨소리처럼 익숙해졌다. 그때는 몰랐지만 평범한 가위소리는 내 삶에 어떤 흔적을 남기고 있었다. 그 낡은 소리는 어린 나에겐 자장가였고, 내 가슴에 알알이 박혀 들어와 내 운명을 빚고 있었다.

다섯 살이 되던 그해 이후, 세찬 북풍과 함께 차가운 눈보라가 휘몰아치면 두꺼운 이불을 덮고 엄마와 여동생과 함께 웅크리고 잠자던 기억이 선명하다. 찬바람이 들고 나듯 허전한 그 빈자리엔 칠흑 같은 어둠 속에 침묵이 엄습했다.

그러나 엄마는 강했다. 새벽부터 일터로 나가셨고, 남매만 남은 텅 빈 집안에는 언제나 메밀꽃 향기에 실린 고독의 속삭임만 있었다. 특히 햇살 좋은 날이면 이상하게 내 마음이 더욱 힘들었다. 커튼 사이로 쏟아지는 빛은 늘 평온하고 따뜻했다. 하지만 그 공간은 허전했다.

엄마가 차려놓은 식탁에는 늘 우리 남매만 있었다. 오빠인 내가 먼저 침묵을 깨고 이런저런 이야기를 건넨다. 심약하고 말이 없는 정음인 오빠의 주절거리는 소리를 싫어했다. 우리 남매는 외롭게 자라면서도 성격 탓으로 정을 나누지 못하고, 서로 눈치를 보며 밥만 먹고 따로 놀았다. 그런 여동생과 나는 지금도 서로 애틋한 정을 모르고 지낸다.

다섯 살배기 어린 나이에 철이 들기엔 너무 이른 시간이었다. 따라서 살가운 웃음도, 따뜻한 대화도 없이 우리는 그렇게 하루하루를 그저 버텨내듯이 지내왔다. 그런 고독 속에 버티던 남매 '훈민정음'은 정작 한글도 깨치지 못하고 초등학교에 입학했다. 자연스레 공부는 뒷전이었다. 성적표는 늘 바닥이었고, 선생님들의 기대가 내게는 전혀 와닿지 않았다.

그렇게 황량한 공간에서 우리 남매는 어린 시절 가정의 행복을 모르고 자랐다. 우리는 가정의 행복이라는 작은 파편 한 조각조차 가져본 기억이 없다. 그리고 중학교에 진학하면서 문득 내 삶의 불행을 감지했다. 학교 수업은 그저 환청처럼 들릴 뿐이었다. 당연히 공부하는 친구들은 나를 멀리했다. 너무도 외로워 홀로 게임방을 전전하며 참 많이 방황했다.

나의 하루는 언제나 스스로 혼자였다. 책가방보다 게임방이 더 익숙했다. 교과서 속 지식보다 거리의 불빛과 바람을 먼저 배웠다. 성적은 늘 끝자락에서 이름을 불렀고, 선생님의 탄식보다 더 서러운 건 집에 돌아가도 나를 기다리는 따뜻한 가족의 품이 없다는 사실이었다.

하지만 나는 무너지지 않았다. 엄마는 바빴다. 분주한 와중에서도 늘 한 가지를 놓치지 않았다. "넌 괜찮은 아이야. 엄만 널 믿는단다." 그 말 한마디는 외로운 골목에서 길을 잃지 않게 해주는 작은 등불이었다.

사춘기! 나는 그렇게 방황하면서도 좌절하지 않고 재미있는 것에서 행복을 찾고 싶었다. 교회 주일 예배에서 목사님 설교를 통해 행복을 느껴보려고 노력했다. 하지만 학생이 학교 공부가 바닥인데, 무슨 위안이 있으랴. 내가 찾는 행복은 언제나 현실이 아닌 꿈처럼 미묘하고, 아찔할 만큼 저 멀리서 아른거리는 한낱 '실루엣'이었다.

청춘! 아프고 방황하고 흔들려도 괜찮아

"청춘은 아프고 방황하고 많이 흔들려도 괜찮아. 나처럼 공부가 바닥이어도 좋아! 저마다 강한 신념으로 각자의 '나me'를 믿어 봐!"

청춘은 처음부터 정답을 알 수 없는 문제지 같은 것. 출발선도 제각각, 속도도 제멋대로인데 다들 왜 결승선은 하나라고 믿는 걸까. 누구는 일찍 앞서가고, 누구는 아직도 방향을 찾고 있고, 누구는 가다가 길을 잃고 헤매고 있는, 그게 청춘인데.

어머니는 평일엔 우리 남매 등교 준비를 해주시고 곧장 출근하면 그날 하루는 모든 게 우리 몫이었다. 믿음이 좋기로 소문난 어머니는 우리를 하나님 교회에 맡기시고 퇴근 후엔 집을 짓기 위해 얻은 빚을 갚느라 우리 남매를 돌봐줄 겨를이 없었다. 우리는 여느 가족처럼 숙제를 봐주고 함께 지내는 가족 사랑을 조금도 느끼지 못하고 지냈다.

자연히 성적은 바닥이었다. 초·중·고 내내 공부가 싫고 학교 가기가 두려웠다. 맨날 숙제를 해오지 않아 선생님께 혼나는 나를 보고 가까운 친구들이 "너도 공부 좀 해라"라는 부끄럽고 화가 나는 핀잔을 할 때면 어깨가 축 처졌다. 내 일상은 언제나 불안과 방황의 연속이었다.

이렇게 나는 어린 시절을 나름 힘들게 보냈다. 아이들은 방과 후 학원으로 몰려가고, 함께 놀아줄 친구조차 없이 나는 늘 외로웠다. 중학교 때, 홀로 게임방을 전전하다가 나도 모르게 게임방 '노름'에 빠졌다. 결국 돈이 모자라 어머니 돈을 훔치는 일이 벌어졌다. 이제는 나 자신조차 어디로 가야 할지 몰랐다.

어머니는 혼내기보다 아르바이트라도 해서 훔친 돈을 갚으라고 조용히 타이르시고는 나를 보듬어주셨다. 당황한 나는 내 손으로 그 돈을 갚기 위해 작은 돈벌이가 되는 일을 찾아 나섰다. 우리 교회 장로님 부부가 운영하시는 메밀국수 가게에서 아르바이트를 시작했다.

그렇게 비뚤어진 나를 끝까지 믿어준 사람은 어머니였다. 호

된 아르바이트를 하면서 나는 처음으로 일이란 무엇인가를 생각했다. 어머니가 그토록 열심히 일하는 것이 얼마나 힘든가를 비로소 이해할 수 있었다. 직접 일을 경험하며 나는 무엇을 해야 잘할 수 있을 것인가라는 물음에 눈을 떴다.

그리고 무엇을 잘할 수 있을지, 어떤 꿈을 꿀 수 있을지 알 수 없어 방황하던 시절, 어머니는 내 손을 꼭 잡고 "훈민아! 너라면 무엇이든 반드시 해낼 거야"라고 다독여주시면서 한없이 움츠러들어 있던 나에게 밝고 건강한 힘을 가지도록 일깨워주셨다.

초·중 시절부터 나는 교회 본당 입구 벽에 걸린 거울을 보는 묘한 습관이 있었다. 아무도 알아주지 않는 거울 속 나를 오래도록 바라보며 요리조리 머리를 매만졌다. 종종 목사님께서 지나가시며 "훈민아! 거울은 그만 보고 네 할 일을 하거라"라는 그 말씀이 여전히 기억에 생생하다. 나는 지금도 당시 왜 그런 행동을 한 건지 정확히 이해하지 못한다.

그렇게 나도 모르게 거울 속에 비친 내 얼굴, 내 머리칼을 오랫동안 쓰다듬던 대수롭지 않았던 그 행위가 결국 헤어디자이너로 이어질 줄은 정말 몰랐다. 지금 내가 준오헤어에서 디자이너로 인정받는 것도 필시 그 거울과의 인연이 닿아 있는 것만 같다.

돌이켜보면 지금의 성공은 학교 공부를 잘하는 것과는 거리가 사뭇 멀다. 만약 조금이라도 공부에 관심이 있었고, 또 어머니도 나를 전적으로 교회에 맡겨두지 않고 바닥 성적을 걱정했더라면, 오늘 이 자리에 나는 없었을 것이다. 학교 수업과는 담을 쌓고 마치 목줄 없는 들개처럼 홀로 나돌아다니며 나는 무한한 상상의 나래를 펼칠 수 있었다.

그 많은 성도님이 오가는 교회에서 남자아이가 거울 앞에 서서 오래도록 머리카락을 매만질 수 있었던 것은 누구의 눈치도 보지 않은 야생에 길들어 있었기 때문이다. 지금, 재미있는 일에 미친 듯이 몰두할 수 있는 바로 그 에너지가 나를 여기까지 이끌었다.

사람들은 말한다. "너는 아직 젊잖아." 그래, 젊다는 건 가능성의 다른 이름이기도 하다. 하지만 조급하고 두려운 걸 모르는 채, 때론 불안이라는 말로 한숨을 토하게도 하는 것이 젊음이다.

밤늦게 불 꺼진 방안에서 휴대폰 화면으로 타인의 삶을 훔쳐보며 자신의 초라함을 견디지 못해 괜찮은 척, 멋진 척, 안 흔들리는 척 그렇게 애써 버텨본 적 있지? 하지만 괜찮아. 진짜 청춘은 완벽해서 아름다운 게 아니란다. 불완전한데도 꺾이지 않고 계속해서 걸어가려는 마음 때문에 빛나는 거지.

세상은 속도를 말하지만 삶은 리듬이야. 네 호흡에 맞춰서 네

걸음으로 가는 것, 조금 늦어도 조금 멈춰서도 그건 실패가 아니라 너만의 박자란다. 그러니 너무 조급해하지 마라. 이 순간조차 언젠가 네 이야기를 빛내줄 한 장면이 될 거야.

그래서 청춘은 나처럼 많이 아파하고 방황하고 많이 흔들려도 괜찮아. 누구든지 '자신self'을 믿어봐! 그리고 진실로 '내(I)'가 재미있어하고 좋아하는 일을 찾아 열정을 가지고 꿈을 좇아봐! 그 길에는 반드시 운명처럼 행복의 '파랑새'가 지저귀고 있을 테니까.

행복은 내게 마치 운명처럼 찾아왔다

　　어머니의 가위는 가족의 생계를 책임지는 소도구였다. 부업을 하면서 늘 공예와 그림그리기에 분주했다. 우리 남매도 어머니가 하는 일이 재미있어 열심히 도왔다. 놀이처럼 오리기도 하고 색칠도 했던 기억이 선명하다. 이런 경험이 우리 남매의 뇌리에 선명한 자국을 남겼다. 어머니의 가위질 소리가 우리 남매에게 남긴 흔적은 결국 우리의 운명에도 깊은 그림자를 남겼다.

　　어느 날 문득 어머니의 가위처럼 나도 가위에서 희망을 찾아보자는 생각이 들었다. 하지만 나는 "다른 사람의 삶을 바꿔주는 좀 더 큰 가위질을 하고 싶다"라고 염원하며 간절히 기도했다. 소원대로 나는 가위를 든 헤어디자이너의 길을, 그리고 여동생 정음은 붓을 잡은 일러스트 작가로 각자 제2의 인생을 꿈꾸고 있다. 외로운 남매가 이제는 다른 사람의 부러움을 받고 있다.

나는 평소 공부는 뒷전이었다. 성적표는 늘 바닥이었다. 선생님들의 기대가 나에게는 단 한 가닥도 미치지 못했다. 우연 같지만 실제로 고등학교 때, 미용실 아르바이트가 나를 찾아온 운명의 여신과도 같았다. 하지만 그 시작과 과정은 결코 순탄한 길이 아니었다.

오직 가정을 지키기 위해 싫든 좋은 무엇이든 가리지 않고 일하는 어머니의 모습을 바라보며, 나는 뭔가 재미있는 일을 해보자는 작은 깨달음이 있었다. 한창 공부에 열중해야 할 고등학교 때, 학교 공부는 하기 싫어서 내팽개치고 가정에 작은 보탬이 되기 위해 아르바이트를 하려고 어머니와 상의했다.

어머니는 평창에 있는 지인의 미용실에서 일해보는 게 어떻겠느냐고 권유했다. 흔쾌히 좋다고 말씀드리자, 그 지인께서 운영하는 평창 읍내 조그마한 미용실에서 일할 수 있게 주선해주셨다. 내가 헤어숍에서 미용 일에 잘 적응하면서 누구보다 재미있고 즐겁게 일하는 모습을 알게 된 어머니의 눈가에 기쁨의 눈물이 맺혔던 기억이 아른거린다.

그 동네 미용실이 내 작은 꿈의 시작점이었다. 바닥 청소와 샴푸로 시작된 나의 하루가 어느덧 고객의 삶에 변화를 주는 디자이너를 꿈꾸게 된 것이다. 그때 어머니의 지원으로 가위를 잡지 않았다면 나는 아직도 방황하는 인생을 살고 있을지 모른다. 아! 이 작은 가위로 내게 꿈만 같던 행복을 찾게 될 줄은 몰랐다.

그러다가 본격적으로 미용을 배우기로 결심했다. 우선 헤어디자인 학원에 등록하자 어머니도 나를 지원해주셨다. 헤어는 가위질이 가장 중요한 '본질'이라는 걸 어머니도 알고 계셨다. 그래서 가위를 감각적으로 잘 다루는 법을 익히기 위해 먼저 폐지를 구해 오리기 시작했다. 손이 부르트고 마비되도록 밤새 자르고 또 자르고, 오리고 또 오렸다.

공부가 싫어서 방황하던 내가 미친 듯이 가위질에 열중하는 모습을 보고 어머니는 아마도 처음으로 내심 안도의 한숨을 내쉬셨을 것이 분명했다. 그 당시 어려운 가정 형편에도 어머니는 큰돈을 들여 250여 벌의 가발을 구해주셨다. 나는 종이를 오리는 물 오른 가위질로 이제는 '가발'을 다루기 시작했다.

사람 모습과 흡사한 가발을 자르면서 미용 기술은 물론이고 고객을 대하는 법, 커트를 통해 사람의 내면을 이끌어내는 감성까지 하나하나 익혀나갔다. 누군가의 삶의 변화를 돕고 자신감을 불어넣는 일, 마침내 이 길이 나를 행복으로 인도하고 있다는 걸 알았다.

경복대학교에서 준오헤어디자인과를 전공하다

봉평고등학교 3학년 때 나는 교감선생님을 찾아갔다. "선생님, 저는 이제 헤어디자인이 제가 갈 길이라는 걸 알았습니다. 지금 저는 시간이 부족합니다. 교과수업은 제게 아무런 의미가 없습니다. 그러니 수업 시간에 저 혼자 빈 교실을 찾아 어머니가 준비해주신 가발을 만지게 해주세요"라고 간곡히 말씀드렸다. 선생님은 흔쾌하게 허락해주셨다.

이후 나는 졸업까지 약 서너 달을 오직 가발을 만지고 커트하는 데만 매달리면서 헤어디자인 대학 진학을 준비했다. 무엇보다 가위질은 내게 가장 완벽한 직업이었다. 또 그것은 나의 성장을 가능하게 한 씨앗이었고, 나도 행복할 수 있다는 꿈을 갖게 해주었다.

어머니 덕분에 나는 학교 성적이 바닥이었는데도 경복대학교 준오헤어디자인과에 입학할 수 있었다. 이 또한 어머니의 믿음과 헌신적 사랑의 결실이었다. 전공 수업에서 가위를 잡는 순간부터 여느 아이들과는 각오와 자세부터 달랐다. 내 안에 꿈틀거리던 가위의 열정이 불타올랐다. 학과 친구들보다 헤어디자인에 대해 더 많이 연습했고, 더 깊이 고민했다.

대학에서는 준오헤어디자인학과를 선택했다. 졸업과 동시에 대한민국 최고 브랜드 준오헤어의 인턴으로 강남 논현점에 출근했다. 그곳에서의 인턴 경험은 그동안 미용실 아르바이트로, 또 학원에서, 그리고 대학에서 익히고 배운 헤어 시술을 총망라하는 내 커리어에 엄청난 자양분이 되었다.

준오헤어 논현점 인턴을 마치고 홍대입구역점으로 자리를 옮겨 디자이너로 일하며 끝없는 열정을 쏟았다. 그 결과 나는 눈부신 성장을 이룩했다. 다소 낙후된 매장을 동료들과 새롭게 바꾸는 일에도 열중했다. 고객 한 분 한 분의 얼굴을 익히고, 그분들의 이야기에 귀 기울이며 '에지edge' 있는 스타일을 제안하는 디자이너가 되었다.

성실하면서도 발랄하고, 딴은 당돌하기까지 한 나의 손끝에는 말로 표현할 수 없는 어떤 감각이 천성으로 묻어나왔다. 고객의 얼굴에서 마음을 읽고, 그의 얼굴형과 표정, 그리고 눈썹과 코 등 이목구비에 맞는 디자인을 완성하는 시술 능력. 그것은 단순히 헤어 기술이 아니라 진심에서 나온 나만의 '마법'이었다. 헤어 버티칼에서만은 나름 남다른 감각과 트렌드 분석이 강했다.

그때는 몰랐다. 방황하던 시절, 나는 무언가 쥐고 싶고, 무언가 하고 싶었다. 흘러가는 인생에서 내 의지로 단단히 잡을 수 있는 무언가를. 그리고 문득, 어머니가 오래전 내게 들려주던 가위소리가 기억의 저편에서 나를 불러냈다. 그리고 그 소리가 내 무의식 깊은 곳에 박혀 이렇게 내 손으로 이어질 줄을….

사람들은 "가위 하나로 20대에 억대 연봉자가 됐네요?"라고 쉽게 말한다. "아니에요. 나는 가위로 세상을 자른 게 아닙니다. 내 안의 불안, 두려움, 열등감, 편견, 그리고 어두운 그림자까지 그 모든 걸 먼저 잘랐습니다. 내가 얼마나 나를 잘라냈는지, 그게 결국 커트에 그대로 묻어납니다."

세상은 종종 "좋아하는 일만 하며 살 수 없다"라고 말한다. 하지만 나는 그 말의 반대편을 증명해 보이고 싶다. 좋아하는 일을 붙잡은 사람에게 삶은 때로 운명처럼 길을 내어준다. 그래서 내게 가위는 단지 도구가 아니다. 나의 언어이고, 나의 철학이고, 나의 삶 그 자체이다. 내가 가위를 사랑한 게 아니라, 가위가 나를 이끌며 나답게 살아가도록 만들어준 것이다.

지금 나는 준오헤어에서 연봉 3억 원의 실력자가 되었다. 전체 200여 매장에서 인턴 포함한 4천여 준오헤어 직원 중 헤어디자이너만 3,500여 명에 달하는 최대 헤어 조직에서 단연 정상에 서 있다고 자부한다.

하지만 그 자리는 절대 영원하지 않다. 오늘의 커트가 어제보다 못하면, 고객이 행복해하지 않으면, 그 자리도 아무런 의미가 없다. 그래서 나는 오늘도 인턴처럼 떨리는 심정으로 기도하듯 가위를 쥔다. 나는 여전히 '정상'이라는 허울보다 '진심'을 더 사랑한다.

고객 한 사람 한 사람의 마음을 어루만지고, 아름답고 품격 있는 변화를 선물하고, 자신감과 자존감을 세워주는 일. 그게 바로 내가 오늘도 가위를 드는 이유다. 가위를 들고 있는 지금, 나는 안다. 이 행복은 선택이었고, 동시에 운명이었다.

나는 어린 시절 어머니의 가위소리를 가슴에 품고 오늘도 거울 앞에 앉은 고객의 새로운 삶의 시작을 열어주고 있다. 나는 어머니의 그 가위소리에 이끌려 고객의 행복을 커트로 디자인한다.

행복은 어디 먼 데 있지 않았다. 내가 가장 좋아하고, 가장 잘 아는 일, 그리고 가장 잘하는 일이었다. 행복은 내가 매일 손에 쥐는 도구 속에 조용히 깃들어서 마치 머리카락처럼 자라고 있었다. 그리고 나는 지금 그걸 자르고 다듬는 사람이다.

내가 '행복'은 '성적순이 아니란' 증거야!

"행복은 성적순이 아니잖아요."

이 말이 한때 유행처럼 떠돌던 시절이 있었다. 하지만 그 유행어가 아직도 강조되고 있는 우리 사회가 안타깝다. 어른들은 여전히 성적표로 아이들을 재단하고 있다. 마치 좋은 대학, 좋은 학과가 인생의 정답인 양 믿고 있다.

똑똑한 아이들은 명문대에 가려고, 특히 의대에 진학하려고 공부에 혹사당하고 있다. 내가 태어난 직후 밀레니엄 시대를 맞이하면서 세상이 하루가 다르게 급변하고 있다. 새로운 디지털 문명이 도래하고, 인공지능AI이 세상에 등장하면서 가장 똑똑한 인간의 일자리부터 속속 꿰차고 있다.

10여 년 전 강원도 산골의 한 고등학교에 다녔던 나와 우리 1990년대 세대 아이들에게도 성적이 곧 아이의 인성까지 재단하고 판단하는 무시무시한 스펙이었다. 나는 공부를 잘하지 못했다. 내신은 늘 바닥을 찍었고, 매 과목 수업은 고통이었다. 교실 한구석에서 조용히 웅크리고 앉아 하루하루를 힘겹게 버텼다.

야속하게도 세상은 언제나 숫자에만 익숙했다. 성적, 등수, 점수, 스펙, 연봉 등…. 마치 사람의 가치를 모두 숫자로 표현할 수 있는 것처럼 무심하게 계산하고, 냉혹하게 판단하고, 빠르게 비교한다. 나는 그 틀 안에서 오래도록 주눅이 들어 있었다.

그런데 어느 날, 고등학교에 진학하면서 나는 헤어디자이너가 되고 싶었다. 내 손으로 무언가를 만들고 가위로 사람을 아름답게 변화시키는 그 일이 나에게는 세상에서 가장 재미있고 멋있게 느껴졌다. 마침내 내 손에 가위가 쥐여졌을 때 세상이 조금씩 달라 보이기 시작했다.

고등학교 3학년 때 내 친구들은 모두 공부에 찌들어 있었다. 하지만 나는 선생님을 찾아뵙고 장래 포부를 밝히고 허락을 받아 빈 교실에서 가발을 커트하면서 아무도 알아주지 않는 헤어디자이너 대학을 준비하면서 콧노래를 부르며 헤어디자인 전문대학을 꿈꾸고 있었다.

하지만 주변의 눈길과 세태는 달랐다. "미용이 무슨 남자 직업이야", "대학부터 가야 하지 않겠니?", "그래도 괜찮은 4년제 대학은 나와야 사람 구실을 하지"라는 말들이 거칠게 내 귓가를 맴돌았다. 하지만 나는 아랑곳하지 않았다. 나는 이미 헤어디자이너의 달콤한 '유혹'에 걸려들어 가위사랑에 홀딱 반해 있었다.

무엇보다 '내 인생은 내 춤을 추고 싶었다.' 그래서 나는 내 안의 목소리를 따랐다. 경복대학교 준오헤어디자인과 과정을 선택했다. 누군가는 "성적이 안 되니까 간 거 아니냐?"고 말했다. 하지만 나에게는 그 선택마저 낮은 곳으로의 도망이 아닌, 높은 산을 오르는 몹시 버겁고 힘겨운 도전이었다.

하루 10시간 넘게 가위를 잡고 버티면서 혹독한 과정을 통과할 수 있었다. 중·고등학교 내내 공부가 싫어 친구들과 제대로 어울리지 못한 채 외톨이로 놀면서 유일하게 재미있고 행복감을 맛본 것이 가위질이다. 딱히 내 마음 둘 곳은 가위뿐이었다. 그래서 혹독한 고통이 내게는 되레 즐거움이 되었다.

헤어 대학을 마치고 준오헤어 논현점에서 인턴 과정을 거쳤다. 그리고 준오헤어 홍대입구역점에 발령을 받고 정식 근무를 시작했다. 나는 20대 후반의 나이에 높은 연봉을 받고 있다. 단지 돈이 문제가 아니다. 매일 아침 하고 싶은 일을 하기 위해 출근하고,

고객의 환한 미소를 보며 퇴근하는 삶이 내 일상이다.

나는 항상 즐겁고 자랑스럽고 무엇보다 행복하다. 나는 나에게 '내가 이렇게 행복해도 될까?' 하고 자주 묻는다. 사람은 누구나 만나는 사람의 표정을 보고 그의 심정을 짐작한다. 내가 날마다 만나는 고객을, 내가 행복하지 않으면 행복으로 이끌 수 없다.

고등학교 시절 공부 잘한다고 칭찬받던 친구 중에는 아직 취업을 준비하거나 아르바이트로 생계를 잇는 이들도 있다. 명문대를 나왔지만 자신이 원하는 직장을 찾지 못해 방황하거나 정작 자신이 뭘 좋아하는지도 모른 채 스펙만 쌓고 있는 친구도 있다.

그들의 삶을 비난하려는 건 아니다. 다만 이제는 '성적순이 행복순'이라는 진부한 공식을 내버릴 때가 되었다. 아니, 지금 내가 그걸 깨부수고 있다. 내 동료 헤어디자이너 중에는 자기가 하고 싶은 일을 즐기면서 명문대를 나와 좋은 직장을 다니는 동갑내기들보다 훨씬 더 높은 억대 연봉을 받는 또래가 수두룩하다.

우리는 디지털 시대에 살고 있다. 이제 정답은 하나가 아니며, '재미'와 '몰입' 그리고 자신만의 '디테일'이 곧 경쟁력이 되는 시대를 살고 있다. 내가 좋아하는 일에 꾸준히 몰두하고, 거기서 나만의 전문성을 창조하면 그게 곧 좋은 직업이고, 성과가 되고, 마침내 행복으로 연결된다. 내가 바로 그 증거라고 말해주고 싶다.

나는 성적이 바닥이었지만 나를 믿고, 내가 하고 싶은 일에 진심을 쏟은 결과 지금 이 감격의 자리에 오를 수 있었다. 1990년대생인 우리는 이제 어른이 되었다. 우리 세대가 만들고 가꾸어야 할 사회는 더 이상 성적표 한 장으로 사람을 판단하는 편협한 '정신 장애인'이 모여 사는 세상이 아니기를 바란다.

특히, 요즘은 비단 방송인, 연예인뿐 아니라 유튜버, 운동선수, 작가도 '셀럽celebrity'이라고 부른다. 이미 헤어디자이너도 이들 셀럽의 대열에 동참한 지 오래다. 이제는 다양한 분야에서 셀럽이 쏟아져 나오는 시대가 되었다. 따라서 상위 성적 1%, 즉 '스카이캐슬'이 세상을 주도하는 시대는 죽었다.

나를 봐! 나는 "행복은 성적순이 아니다"라는 그 말의 진짜 의미를 매일 즐거움으로 살아내고 있다.

항상 고객의 행복을 위해 가위를 잡는다

　나는 매일 아침 기도하듯 가위를 손에 쥐며 하루를 시작한다. 반짝이는 스테인리스의 차가운 감촉은 어느덧 내 손에 익숙해졌고, 내 육신의 일부가 되었다. 그 감촉이 전해질 때마다 다시금 마음을 다잡는다. 내가 가위를 잡는 이유, 그 본질적인 목적은 단 하나! 나도 고객도 행복한 삶이다.

　처음 미용을 시작했을 때, 사람들은 묻곤 했다. "남자가 웬 미용이야?" 그 질문에 선뜻 답할 수 없었다. 단지 머리를 자르는 일이 재미있고 즐거웠다. 무엇보다 내 고객의 얼굴에 미소가 피어나는 순간이 그냥 좋았을 뿐이다.

　차츰 시간이 흐르며 작은 깨달음이 나를 흔들었다. 내가 진정 바랐던 건 단지 기술을 익히는 게 아니라, 고객의 아름다움을 찾으면서 나도 고객도 함께 행복을 느끼는 일이란 것이다. 그리고 그 가위엔 수많은 감정과 대화, 기억이 실려 있었다.

'준오'라는 큰 헤어 무대에서 이름있는 디자이너 타이틀은 결코 깃털처럼 가볍지 않다. 헤어디자인으로 꿈을 좇는 수천 명 동료의 반짝이는 눈빛, 준오헤어 브랜드의 경영철학이 어깨를 짓누르고 있다. 하지만 동시에 그 모든 게 내가 성장하고 있다는 증거라는 점에서 감사의 이유를 찾는다.

한 올 한 올의 커트마다 내 손끝에서 누군가의 자존감이 높아지고 기분이 바뀌고 인생의 전환점이 열리기도 한다는 자부심. 그런 순간들이 쌓일수록 나는 행복이라는 값진 단어를 더욱 깊이 실감하게 된다.

내가 해야 할 일은 단지 스타일링이 아니다. 그 사람의 표정 너머로 말하지 않는 감정을 읽고 그 감정에 어울리는 선과 결을 찾아주는 일. 그래서 내 손끝은 가위보다 먼저 마음의 무게를 들어야 한다.

가위를 잡는다는 것은 단순한 기술 노동이 아니다. 가위는 고객과 나를 연결하는 소통의 징검다리이다. 그것은 기쁨이고, 표현이며, 살아 움직이는 '예술'이다. 고객 한 사람 한 사람의 이야기를 들고 그들의 삶을 헤아리며, 가장 잘 어울리는 스타일을 빚어내는 건 기술과 감성이 결합한 화학작용이다. 그리고 나는 그 감성 속에서 내가 살아있다는 것을 느낀다.

물론 이 길이 언제나 순탄했던 건 아니다. 수많은 연습, 실패, 좌절, 그리고 셀 수 없는 눈물의 밤이 있었다. 그러나 가위는 나를 배신하지 않았다. 어찌 보면 단순한 쇠붙이에 불과한 도구는 오히려 나를 단련시켰고, 내 손을 통해 더 많은 사람에게 행복을 전하는 '헤어 전령사'였다.

이제 나는 확신한다. 내가 가위를 잡은 이유는 단지 직업을 가지기 위해서가 아니라 행복한 삶을 살아가기 위한 것이라고. 그 행복은 고객의 미소, 동료의 응원, 후배들의 성장 속에 고스란히 담겨 있다고 믿는다. 그리고 그 손끝에서 나 역시 살아있음을 느낀다.

나는 오늘도 떨리는 가슴으로 조심스럽게 가위를 집어든다. 이것은 곧 내 삶을 사랑하는 방식이자 타인의 삶에 아름다움을 더하는 더없이 숭고한 행위이기 때문이다. 그 가위질 속에 가장 나다운 내가 담겨 있고, 또 행복을 만들어가고 있다. 그래서 오늘도 고객의 행복을 위해 가위를 잡는다.

우리에겐 한 가지 분명한 게 있어. 우리의 삶은 절대로 얼렁

뚱땅 살도록 내버려두지 않는다는 것이다. 좋은 일도 안 좋은 일도 영원한 건 없다. 모두 흘러가는 바람에 흔들리는 갈대 같은 것. 우리도 바로 그 순간순간에 매달려 흔들리는 깃털같이 가볍고 연약한 존재이다.

그러나 밤하늘을 봐! 별이 반짝이고 있어. "별이 아름다운 건 네 마음이 아름답기 때문이야"라고 어릴 적에 어머니가 알려줬어. 그래서 고객의 아름다움을 꾸미는 난 내 마음도 가꾸기 위해 노력하고 있다.

어느 시인이 "몽골의 별은 어깨에 걸렸다"라고 한 말을 책에서 본 적이 있다. 초가을날 내 고향 강원도 봉평의 별은 머리와 허리에 걸렸지. 바로 머리 위에는 총총한 밤하늘의 별들이, 허리에는 메밀꽃이 은하수처럼 하얀 밤을 수놓는다. 이 아름다운 고장이 바로 내 고향 강원도 봉평이다.

이 봉평의 촌뜨기가 가위에 미친 열정 하나로 20대 청춘을 고스란히 바쳤다. 그 결과 대한민국의 수도 한복판, 가장 세련되고 찬란한 강남의 '준오헤어'를 거쳐, 지금은 싱그러운 청춘이 우글거리는 홍대 헤어숍에서 가위로 그들의 행복을 디자인하고 있다.

손끝에서 느껴진 희열, 그건 행복이었어

나는 가끔 그런 생각을 한다. 사람마다 살아가는 이유가 있다면 나는 왜, 무엇을 위해 지금 이렇게 살아가고 있을까. 마치 시간이 멈춘 듯 오직 감각만이 남아있는 찰나. 세상엔 설명할 수 없는 순간들이 있다.

그 순간, 손끝에서 전해지는 건 단순한 감촉이 아니다. 그건 내가 누군가의 하루를 바꾸고 있다는 증명이자, 내가 지금 잘 살아가고 있다는 조용한 나만의 실존적 확신이다.

어린 시절의 나는 늘 혼자였다. 어떤 감정을 꺼내도 들어줄 사람이 없어 조용히 눌러 담았다. 그 외로움이 습관처럼 굳어버렸다. 공부는 꼴찌였고, 칠판 앞에서 가르치는 선생님의 목소리는 나와는 다른 세상의 언어처럼 들렸다.

"너는 왜 이렇게 집중을 못 해?"
"좀 더 노력해야 하지 않겠니?"

그런 핀잔의 말들이 귀와 가슴에 쌓이면서 점점 내 존재가 한없이 작아지는 걸 느꼈다. 친구들과 어울리지도 못했고, 학교에서는 말보다 침묵이 익숙한 아이가 되었다.

그러던 어느 겨울날, 공부는 싫으니 빈둥거리지 말고 홀로 가정을 책임지느라 고생하는 어머니에게 작은 도움이라도 되어주고 싶다는 마음에 아르바이트를 생각했다. 어머니의 권유로 작은 미용실에서 일을 시작했다.

처음에는 그저 시간이나 때우자는 마음이었는데, 6개월이라는 시간이 지난 어느 날 원장님이 말없이 내 손에 가위를 쥐여주었다.

"찰칵, 찰칵!" 가위소리가 처음으로 내 귀에 울리는 순간, 내 심장도 같이 뛰었다. 사람의 표정을 읽고, 마음의 주름을 다듬는 순간이었다.

그 소리는 이상하리만큼 나를 사로잡았다. 차가운 쇠붙이의 촉감 속에 따뜻한 무언가가 느껴졌고, 나도 모르게 가위소리의 흐름에 집중하게 되었다. 마치 처음으로 세상과 나 사이의 끈이 연결된 듯한 기분. 그 순간 느낌이 왔다. 이게 내가 갈 길이구나!

그날 이후 나는 매일 가위와 함께 숨을 쉬고, 잠을 자는 동안 꿈속에서도 가위를 가지고 재미있게 놀았고, 처음으로 행복이 무엇인가를 맛보았다. 미용실 문을 내리고 아무도 없는 텅 빈 공간에서 폐지를 오리며 감싸 쥔 가위에 온 신경을 집중했다.

비록 종이로 하는 연습이지만 고객의 머리카락이라 생각하고 단 한 올도 허투루 자르지 않으려고 애썼다. 거울 속에 비친 내 눈빛을 고객의 눈빛이라 생각하고 내 가위질에 환하게 웃는 순간, 나도 누군가에게 필요한 사람이 될 수 있다는 걸 직감했다.

그게 일에 대한, 바로 가위에 대한 '희열'이었다. 세상 누가 알아주지 않아도 내 손끝에서 흐르는 감각이 누군가의 일상을 예쁘고 아름답게 바꾸어줄 수 있다는 생각이 그 어떤 말보다 진하고 깊이 가슴에 와닿았다.

지금 나는 준오헤어의 헤어디자이너다. 20대 나이에 누구나 부러워하는 수억 연봉, 수많은 단골, 한국 최고 브랜드 '준오헤어'라는 무대에서는 이 자리가 겉은 화려해 보일지 몰라도 내 안엔 여전히 외로운 한 소년이 살고 있다.

그저 가위가 좋아서, 사각거리는 그 소리에 빠져서 자기 자리를 찾아온 아이지만, 나는 타고난 가위 사랑꾼이었다.

날마다 커트를 마친 고객이 거울을 보고 미소 지을 때, 그 눈빛 속에 담긴 작은 감사와 감동이 나에겐 가장 큰 보상이자 희열이었다. 그리고 그 희열이 안겨주는 건 진짜 행복이었다. 그래서 나는 오늘도 기쁨과 감사로 가위를 든다.

내 손끝에서 새로운 모습으로 거듭날 누군가의 만족스러워하는 미소로 그들이 더 당당해진 자신감으로 무대 밖으로 걸어 나갈 때, 한없이 부족하고 연약한 나를 선택해준, 또 내 삶 전체를 바꾸어준 가위에 감사하며 뾰족이 입을 맞추곤 한다.

우리가 사는 이 세상에서 누군가는 학벌로, 누군가는 뛰어난 재능으로 빛을 발한다. 하지만 나는 손끝의 열정 하나로, 그리고 진심으로 가위질이 재미있어 여기까지 쉬지 않고 달려왔다.

세상이 포기한 '가련한' 아이가 가위 하나로 성장하는 애틋한 '스토리story'를, 다시 행복으로 다듬어진 이야기를 전달하기 위해 진심 어린 감사의 마음으로 이 글을 써 내려가고 있다.

내 가위는 도구가 아니라 나의 기도다

어머니는 말수가 적으셨고, 나는 그런 어머니의 침묵 속에서 자랐다. 어머니는 새벽부터 일터에 나가셨고, 집으로 돌아오면 늦은 밤까지 부업을 했다. 나는 혼자 조용히 지내다가 잠드는 날이 많았다. 그런 외로운 환경에서 유일한 위로는 외할머니였다.

외할머니는 교회 권사님으로 믿음이 신실하신 분이었다. 평생 교회 예배를 한 번도 빠지지 않으셨다. 손에는 항상 큰 글 성경책이 들려 있었다. 발길이 머무는 곳마다 기도 소리가 스며들었다. 외할머니는 언제나 홀로 사는 어머니 손을 꼭 잡고 믿음으로, 기도로 위로하셨다.

하루는 잠결에 일어나 화장실을 가는데, 어머니가 메밀꽃 축제에 팔 소품을 만드시느라 밤늦게까지 일하고 있었다. 때마침 약간 열린 문틈으로 불빛이 새어 나오는 것을 본 외할머니가 몰래 어머니 방안을 훔쳐보시며, "아이고! 불쌍한 내 딸!"이라며 눈물 지으시는 모습을 보았다.

그날 나는 처음으로 어른들의 내리사랑을 체험했다. 어린 중학생이던 나는 외할머니가 막내딸인 내 어머니를 그토록 '서럽게' 사랑하는 장면을 보고 큰 충격을 받았다. 나는 어머니 사랑만 받았다. 하지만 어머니도 나처럼 사랑을 받는 소중한 사람이라는 걸 알게 되었다. 그날 나는 외할머니보다 내 어머니를 더 사랑하겠다고 굳게 다짐했다.

외할머니는 늘 말씀하셨다. "나는 너희 가정을 위해 날마다 기도하고 있단다. 하나님이 분명히 지켜주실 거야!" 어린 나는 외할머니의 기도를 마법처럼 여기기 시작했다. 외할머니가 기도하고 나면 어머니의 표정이 한결 밝아졌고, 나도 이상하게 가슴이 따뜻해졌다.

그 기도가 어떤 힘이었는지를 그때는 몰랐다. 하지만 지금은 안다. 내가 이 자리에까지 올 수 있었던 건 눈에 보이지 않는 외할머니 뜨거운 기도가 우리 가정을, 특별히 나를 지탱해주었다는 것을….

나는 헤어디자이너다. 매일 다양한 고객의 머리를 자르고, 스타일을 다듬으며, 삶의 조각을 마주한다. 사람들은 자신의 인생을 머리에 담아온다. 어떤 이들은 새로운 시작을 위해 긴 머리를 자르고, 어떤 이들은 이별의 아픈 흔적을 지우기 위해 모양을 바꾼다.

나는 고객의 사연을 귀 기울여 듣지 않아도 표정과 한숨 소리를 듣고 짐작한다. 말로 하지 않아도 각자 머릿결 속에 담긴 마음을 느낄 수 있다. 그때마다 나는 누구나 인생은 온전함도 텅 빔도 없다는 것을 배운다. 그리고 나는 외할머니를 떠올린다.

외할머니의 무릎 위에서 들었던 조용한 기도 소리, 떨리는 손끝으로 내 이마를 쓸어주시던 그 따뜻한 감촉을 나는 피부가 아닌 마음으로 깨닫는다. 지금 내가 고객의 행복을 다듬기 위해 들고 있는 이 가위는 단순한 도구가 아니라, 바로 외할머니 간절한 기도가 담겨 있다.

외할머니가 날 위해 기도하셨듯이, 나는 고객을 위해 기도하듯 머리를 다듬는다. 한 올 한 올 정성을 담아 디자이너의 기술이 아니라, 나의 마음을 싣는다. 헤어스타일의 아름다움은 단지 가위가 지나가는 기술로만 완성되는 것이 아니다. 그것은 따뜻한 마음이 전해질 때 비로소 완성된다.

내가 가위를 쥐고 설 때마다 나는 기도하는 외할머니가 된다. 간절한 손끝으로 사람을 보듬고, 삶의 고단함을 어루만진다. 내 가위질은 조용한 기도문이다. "이 사람의 삶이 조금 더 가벼워지기를, 웃음이 더 많아지기를, 어딘가에서 다시 꿈과 희망을 만날 수 있기를…." 나는 그렇게 기도하는 심정으로 오늘도 한 올 한 올 고객의 머리카락을 자른다.

내 손에 들린 가위는 도구가 아니다. 그것은 내 마음을 전하는 통로이고, 외할머니로부터 물려받은 기도의 흔적이다. 언젠가 한 고객이 내게 이렇게 말했다. "당신에게 머리를 맡기면 마음이 가벼워지는 느낌이에요."

또 다른 고객은 "최 디자이너에게 머리를 하고 바로 다음 날 선을 봤는데, 결혼을 약속했어요." 그때 이후 나는 종종 총각 고객을 대하면 "내게 머리를 맡기면 장가간답니다"라고 덕담을 건네곤 한다.

그 말은 어떤 '상賞'보다, 칭찬보다 더 깊이 내 마음을 울렸다. 아마 그분들은 몰랐을 것이다. 내가 머리를 자르고 다듬으며 얼마나 진심으로 기도했는지를. 하지만 마음은 통했다. 가위가 그 마음을 전달했고, 또 그 마음이 기도가 되었다.

이제 나는 확신한다. 내 가위는 내 기도다. 그리고 나는 매일이 작은 기도로 사람들의 마음을 조금씩 아름답게 다듬어나간다. 몇 년 전 소천하신 외할머니 기도는 이렇게 내 안에서 이어지고 있다. 조용하지만 신앙의 분명한 울림으로 내 손끝에서 다시 피어나고 있다.

어머니가 나에게 안겨준 두 가지 선물

　어쩌면 내 인생의 출발선은 남들과 조금 달랐다. 세상이 보기엔 나는 뭔가 좀 부족한 아이였다. 그러나 그런 아이의 밑바닥에서 꿈틀대던 것은 누구도 흉내 낼 수 없는 강한 생명력과 가능성이었다. 그 가능성을 발견하고 글로벌 무대를 향해 날갯짓할 준비를 해주신 어머니의 통찰이 담긴 일화가 있다.

　어느 가정에서나 부모는 자녀의 미래를 위해 여러 길을 고민하고 또 준비한다. 그러나 그 길이 언제나 자녀의 관심과 맞아떨어지는 것은 아니다. 나 또한 그러했다. 나는 정규 교육의 틀 속에서 학업에 특별한 재능이나 흥미를 느끼지 못했다. 그러나 내 어머니의 자녀 교육은 달랐다.

나는 책상 앞에 앉아 교과서를 펴는 일보다 세상 속에서 뛰놀고 경험하는 걸 좋아했다. 많은 부모는 이런 자녀 앞에서 조급함이나 실망감을 느낄 수도 있겠지만, 나의 어머니는 남달랐다. 어머니는 단순한 대안이 아니라, 나의 기질을 잘 읽어내시고, 내 수준에 맞은 미래를 준비하는 깊고 조용한 생각으로 내 삶의 뿌리를 튼튼히 길러주셨다.

그 첫 번째 어머니의 깊은 속내는 학업에 영 관심이 없는 나를 운동으로 이끈 결정이었다. 초등학교 시절부터 어머니는 내게 배드민턴을 전문적으로 배울 수 있는 길을 열어주셨다. 단순한 취미가 아니라 전문 코칭을 통한 훈련의 세계에 접어들게 한 것이다.

지금 돌이켜보면 단순한 체력 이상의 전략적 결정이었던 셈이다. 그 당시에는 나 역시 선수의 길을 꿈꾸며 라켓을 불끈 쥐었다. 구슬땀을 흘리며 배드민턴에 몰입했다. 비록 시간이 지나면서 그 꿈은 다른 형태로 흩어졌고, 나는 완전히 다른 직업을 선택하게 되었다.

하지만 그때 몸에 익힌 근력과 지구력, 포기하지 않는 자세, 그리고 땀방울의 가치를 배운 것이 지금 나에게 무엇보다 큰 자산이 되었다. 나는 종일 서서 일하는 헤어디자이너로 살아가고 있다. 머리카락을 자르고 다듬고 염색하고 펌perm하고 스타일링하는 이 일은 생각보다 훨씬 높은 체력과 집중력을 요구한다.

종일 고객을 상대하며 정교한 손동작을 유지하는 이 직업 속에서, 내가 힘들어하지 않고 웃으며 즐겁게 일할 수 있는 이유는 바로 어릴 적부터 약 10년간 길러진 체력 덕분이다. 동료 헤어디자이너들이 허리와 다리 통증을 호소할 때, 나는 그 고비를 유연하게 넘길 수 있었다. 어머니가 내게 예비해주신 배드민턴이라는 선물은 내 삶을 떠받치는 보이지 않는 근간이 된 셈이다.

두 번째는 영어 교육에 대한 새로운 접근에서, 나는 지금도 어머니의 혜안에 놀라움을 금치 못하고 있다. 학교 문법이나 독해 공부에서 흥미는 물론 쳐다보기조차 싫어하던 나였다. 이런 나를 위해 어머니는 아주 색다른 방법을 선택해주셨다. 바로 원어민 회화 교사를 붙여준 것이다.

어머니는 내게 흥미 없는 학교 수업에 매달리게 하지 않고, 소통을 통해 말로 일상을 즐기면서 영어를 우리말처럼 익히는 방식을 선택하신 것이다. 처음엔 좀 어색하고 어눌했다. 하지만 나의 말은 점차 일상적인 상황에서 자연스럽게 뱉어지고, 내 안의 생각과 감정을 담아 표현할 수 있는 문장이 되었다.

나의 영어는 일상적인 학교 교육 방식이 아니었다. 원어민 선생님과의 만남은 영어를 학습이나 시험이 아닌, 소통의 도구로 받아들이는 일종의 놀이가 된 것이다. 그것이 어머니가 내게 안겨준 두 번째 큰 선물이었다.

이 경험은 내게 새로운 꿈을 꾸게 했다. 단순한 미용 기술자가 아니라, 글로벌 감각을 가진 디자이너가 되고 싶다는 열망을 품게 되었다. 외국인 고객과도 스스럼없이 소통할 수 있다는 자신감, 해외 헤어디자인 트렌드를 읽고 적용할 수 있는 언어적 기반, 그리고 언젠가는 세계 어느 도시에서든 나만의 감각을 펼쳐보겠다는 포부. 이 모든 것의 시작은 문법이나 독해보다는 먼저 대화의 길을 터주신 어머니의 결단과 지혜에서 비롯된 것이다.

체력이라는 실용적 자산과 글로벌 커뮤니케이션이라는 감각의 확장. 어머니가 주신 이 두 가지 선물은 내 인생의 방향을 바꿔 놓았다. 어머니는 단순히 학업 부진을 나무라거나 안타까워하지 않으셨다. 그 대신 내게 진짜 필요하고 잘할 수 있는 것, 오래도록 살아남을 수 있는 힘, 그리고 더 큰 세상과 소통하는 방법을 마련해주셨다.

그 준비는 조용했고, 때론 낯설었다. 하지만 지금의 나는 그 혜안을 깊이 감사하며 살아간다. 어머니의 지혜는 눈에 띄지 않게 흘러들었지만, 그 물줄기는 내 삶의 밑바닥을 적시면서 단단하게 다져졌다. 공부라는 한 갈래 길만 고집하지 않고, 삶의 더 넓은 길

목에서, 다양한 선택의 갈림길에서 내 가능성을 발견해준 것이다.

어머니가 내게 안겨준 그 두 개의 '씨앗'은 지금의 내 안에서 단단히 뿌리를 내리고, 꽃을 피우고 있다. 이제 나는 단순히 헤어 디자이너가 아니다. 영감을 주고, 문화를 잇고, 한류를 세계로 확장하는 글로벌 디자이너를 꿈꾸고 있다. 준오헤어의 깃발을 높이 든 나의 손끝에서, 한 올 한 올의 머리카락이 곧 한국적인 아름다움과 혁신의 상징으로 피어날 그날을 소망하고 있다.

어머니의 믿음과 혜안이 만든 이 놀라운 여정은 항상 나에게 묵직한 메시지를 전한다. "내면의 가능성을 믿고, 그 가능성이 세계로 뻗어나가도록 다리를 놓아라."

이제 그 다리를 디자이너의 가위와 브러시로 놓으며, 준오헤어를 한류와 함께 전 세계로 비상시킬 준비를 해나가고 있다. 나의 이야기는 끝이 아니라 이제 막 시작된 독수리 같은 비상飛上의 서곡이라고 생각한다.

가위를 보는 세상 사람들의 다양한 시선

우리 삶의 일상에서 가위는 가장 익숙하고 평범한 두 개의 단순한 쇠붙이 조각일는지 모른다. 하지만 세상을 조금만 유심히 들여다보면 가위는 도구를 넘어 또 다른 하나의 시선이며, 많은 이야기를 품고 있는 삶의 다양한 모습으로 비추어지고 있다.

어릴 적 할머니의 반짇고리 속에는 언제나 반지르르하게 손때가 묻어있는 가위가 들어 있었다. 천을 자르기보다 더러는 실타래보다 더 복잡하게 얽힌 마음을 풀어주는 듯했다. "옷 한 벌도 인연이야"라고 하시며 조심스럽게 천을 자르던 그 손끝엔 시간이 고여 있었고, 사랑이 맺혀 있었다. 집안의 바느질 가위는 가족의 온몸을 따뜻하게 감싸던 작고도 깊은 연장이었다.

학교에 가면 가위는 창조의 도구가 된다. 미술 시간이 되면 아이들은 종이를 오리고, 풀로 붙이며 저마다 자신의 작은 우주를 만든다. 아이들의 손끝에서 탄생하는 색종이 별과 꽃, 비행기는 단순한 공예가 아니라 무한한 상상력의 꽃이 되고 별이 된다. 어쩌면 가위는 세상에서 처음으로 무언가를 자를 수 있게 된 아이들의 첫 권력일지도 모른다. 두려움 없이 무엇이든 잘라보고 다시 만들 수 있는 그 권리 말이다.

양복점의 가위는 완전히 다른 존재감을 풍긴다. 무겁고 날렵하며, 단 한 번의 '싹' 하는 절단은 평면을 입체로 탈바꿈시킨다. 재단사의 손에 쥐어진 가위는 단순히 천을 자르는 게 아니라, 인생의 품위와 격식을 재단한다. 면접 정장, 결혼식 정장과 화사한 드레스, 마침내 인생의 끝자락에서 맞이할 장례식의 수의까지 우리 삶의 경계선마다 재단사의 가위가 있다.

병원에서는 메스 대신 쓰이는 외과용 가위가 있다. 이 가위는 장기와 살을 자르고 거즈를 자르되, 죽이기 위해서가 아니라 살리기 위해 자른다. 피와 살을 가르며 생명을 되살리는 그 순간, 가위는 가장 조용하고도 숭고한 기도가 된다. 그 가위가 지나간 자리마다 다시 생명의 미소가 피어난다.

특히, 지금 내가 들고 있는 헤어숍의 가위는 사람의 표정을 바꾼다. 한 올의 커트, 한 줄의 앞머리 커트로 누군가의 눈빛이 달라진다. 한참을 망설이던 숙녀는 과감한 쇼트커트를 하고 거리를 당당하게 걷는다. 연애에 실패한 청춘은 이별의 눈물을 머리카락과 함께 잘라낸다. 디자이너의 손끝에서 가위는 위로의 언어가 되고, 새 출발의 선포가 된다. 이 가위는 단순히 자르는 것이 아니라, 다듬고 다시 자라나게 만드는 신비한 마술을 부린다.

한때 골목을 울리던 엿장수의 가위는 또 다른 역할을 했다. 엿을 가위로 척척 끊어내며 아이들의 시선을 사로잡던 그 장면, 그리고 여느 타악기보다 귀에 익숙한 가위소리로 단맛을 자극하며, 각설이타령 못지않은 즐거움을 안겨주면서 골목의 아이들을 부르는 한 시대의 풍경이었다. 그에게 가위는 손님을 부르는 악기였고, 군것질보다 더 매혹적인 추억을 파는 소리였다.

그런데 현대에 이르러 가위는 점점 더 추상적이고 거대한 상징으로 변모한다. 가장 극단적인 변신은 바로 '유전자 가위'다. 이 가위는 실체조차 없지만 생명의 근간을 잘라내며 병을 치료하고, 새로운 생명을 조작한다. 인간이 신의 영역에 손을 대기 시작한 순간이다. 유전적인 질환을 치료하고, 나아가 생명의 설계도를 편집하려는 이 시대의 '가위'는 창조와 파괴의 경계에서 춤을 춘다. 그리고 실용의 끝에서 첨단 과학이 시작된다.

마침내 문학에서는 프랑스 시인 보들레르가 상상한 거대한 가위가 등장한다. 그는 만삭의 여인이 거리를 걷는 모습을 보고 두 다리를 '생명을 자르는 가위'로 연상했다. 아이가 태어날 때, 탯줄을 자르는 행위에서 시작된 생명의 첫 단절, 그 모든 단절의 순간마다 보들레르는 가위의 환영을 본 것이다. 가위는 끊고 새로운 것을 연결하는 존재, 보들레르의 상상은 가위를 시간과 생명의 문턱 위에 얹어놓는다.

이처럼 가위는 단순한 물건이 아니다. 자르고, 나누고, 다듬고, 연결하고, 표현하고, 탄생시키는 복합적 도구이다. 시대와 장소, 사람에 따라 그 의미는 다양한 모양으로 변주된다. 누군가에겐 생업의 도구요, 누군가에겐 기억의 장치이자 흥을 돋우는 악기이며, 또 누군가에는 생명을 재단하는 과학의 문이 된다.

가위를 손에 쥔 그 순간, 우리는 무엇을 자르려는 것인가? 실타래 같은 문제일까, 지나간 감정일까, 혹은 미래로 향하는 길을 스스로 열기 위한 의지일까. 분명한 것은 가위는 언제나 인간의 '욕망'과 함께 자라고 있다는 사실이다. 눈에 보이는 것을 자르면서도 실은 우리 삶의 본질을 다듬는 것이 가위가 가진 본질이 아닐까?

JUNO
HAIR

depuis 1982

PART 2

준오헤어 숲, 그 안에 깃들다

헤어디자이너로서의 성장기

가위소리는 나의 믿음, 고객은 나의 길

사람을 키우는 경영철학이 살아있는 공간 '준오'

고등학교 3학년 때, 나는 전국 13개 대학의 헤어디자인학과에 원서를 넣었다. 속속 불길한 소식이 날아왔다. 내신 성적이 최하위이니 당연한 일이었다. 그런데 이게 웬일인가. 그중에서도 가장 어렵다고 알려진 경복대학교에서 합격 소식이 왔다. 한동안 믿기지 않아 기쁨조차 느낄 수 없을 만큼 그냥 숨이 턱 막혔다.

경복대의 합격 소식에 이제야 세상이 나에게 처음으로 손을 내민 것 같았다. 그리고 그날 이후 대학에서 준오헤어디자인학과라는 이름은 내 삶 전체를 송두리째 바꿨다. 준오헤어는 단순히 머리를 자르고 다듬는 기술만을 가르치지 않았다. 그곳은 '사람을 키우는 철학'이 살아있는 공간이었다.

손기술이 아닌 사람을 먼저 보고 소통하는 감성, 머릿결을 만지기 전에 고객의 마음을 읽고 만질 줄 아는 디자이너를 양육하는 깊은 통찰이 있었다. 나는 헤어 무대에서 빛나는 디자이너보다 샴푸실의 조용한 진심이 더 값지다는 것을 그곳에서 깨달았다.

다소 커트 실력이 떨어지는 제자에게도 속도보다 방향이 중요하다고 가르치던 교수님들이 계셨다. 실패한 커트 하나에도 "괜찮아, 다시 해보자"라며 손잡아주던 시니어들, 준오헤어는 내게 늘 가능성의 기회를 안겨줬다. 그 가능성은 단지 헤어 시술에 그치는 것이 아니라, 고객의 길을 함께 걷는 헤어디자이너의 '순례'였다.

가위질보다 더 어려운 것은 사람을 믿는 일이란 걸 그들은 누구보다 잘 알고 있었다. 그래서 포기하고 싶은 날에도 준오헤어라는 이름 아래 다시 일어설 수 있었다. 마침내 무사히 졸업하고 '준오헤어'라는 거대한 브랜드의 숲속에 날아들어 나만의 작은 둥지를 틀었다.

준오헤어라는 숲속에 날아든 순간, 이곳은 단지 머리카락을 자르는 공간이 아니라는 것을 느꼈다. '준오'는 사람, 그리고 그 사람의 내면을 가장 섬세하게 존중하는 문화가 살아 숨 쉬는 '공존의 숲'이라는 것을 알게 되었다. 이곳에서는 숫자보다 성장의 온도를 먼저 본다. 기술보다 사람의 진심을 우선한다. 눈앞의 이익보다 고객에 대한 신뢰의 무게를 더 중요하게 여긴다.

지금 나는 준오헤어의 디자이너이다. 거칠고 숨 막히는 고된 과정을 거쳐 오른 감격의 자리다. 화려한 무대도, 높은 연봉도, 그 모든 성취 이전에 내가 가장 소중히 여기는 건 바로 준오헤어가 나를 '사람'으로 만들고, 인간적으로 대해주었다는 사실이다.

준오헤어의 윗분들은 나를 단순히 '재능 있는 디자이너'로만 보지 않았다. 상처 입은 외로운 새 한 마리가 날아든 것처럼, 준오의 거대한 숲은 내 마음의 상처를 어루만지고 힐링해주는 안식처이기도 하다. 가위를 든 손은 하루에도 수십 번 흔들리지만, 준오헤어에서는 흔들려도 좋다. 왜냐하면 내가 서 있는 이 길의 방향은 고객이 향하는 곳과 나란히 있기 때문이다.

상처 많은 한 청년이 스스로 위로받기 위해 당돌하리만큼 튀는 기질, 때론 준오헤어의 질서와 규칙을 위배하는 천연덕스러움까지 받아주고 참아주었다. 또 언젠가는 누군가의 롤모델이 되겠다고 독백하던 나를 조용하고도 묵묵히 지켜봐주었다. 이처럼 준오헤어는 나에게 단순한 공간이 아니라, 헤어 철학으로 무장한 거목들이 서 있는 울창한 숲이었다.

어떤 조직이 사람을 키운다고 말할 수 있을까? 그 어떤 브랜드가 깊은 경영철학을 품고 감성으로 리더를 만들 수 있을까? 준오헤어는 그것을 가능하게 만들어내는 깊은 통찰이 담겨 있는 곳이다.

수많은 헤어 브랜드가 기술을 가르치고 있지만, 준오헤어는 사람을 먼저 가르치고 키운다. 가위를 쥔 손보다 그 손안에 담긴 진심을 더 중요하게 여기고, 속도보다 방향을, 성과보다 성장의 의미를 배우게 한다.

준오헤어는 늘 '당신은 가치 있는 사람입니다'라는 진실한 믿음을 주었다. 그들은 말보다 행동으로, 이미 구축된 시스템보다 진심으로 사람을 대하고 사랑하는 법을 실천하고 있다.

감성은 가르쳐지지 않지만, 품격은 환경에서 자란다. 진심을 전하는 조직 문화, 사람의 가능성을 믿는 리더십, 동료를 경쟁자가 아닌 같은 숲에서 자라는 나무로 보는 시선. 그 모든 게 헤어디자이너를 기술자보다 먼저 사람으로 완성하게 만든다.

범사에 감사하며, 항상 기도로 가위를 든다

하루의 시작은 언제나 똑같다. 출근 시간에 맞춰 가위를 손에 들고 거울 앞에 서서 묵묵히 기도한다. "오늘도 이 손으로 누군가를 행복하게 해주세요. 내 마음이 흔들리지 않게 해주세요." 이 짧은 기도는 준오헤어가 가르쳐준 진솔한 삶의 자세다.

처음 이곳에 왔을 땐 어리석고, 당돌하기까지 했다. 그런 부족한 나를 나보다 먼저 내 가능성을 믿어주고, 내 실수를 따뜻하게 품어주었다. 나는 오늘도 준오헤어의 그 사랑을 잊지 않고 있다.

그 숲에서 나는 사람을 이해하는 법을 배웠고, 실패와 좌절을 견디는 품격을 배웠으며, 내가 받은 것들을 어떻게 나눌지를 배웠다. 이제는 내가 그 믿음의 다리가 되고 싶다. 한 번의 실수를 덮어주는 선배, 그날의 나처럼 불안해하는 후배를 눈빛 하나로 안아줄 수 있는 디자이너가 되려고 한다.

나는 종종 후배들을 바라본다. 불안한 눈빛이나 서툰 손놀림 등은 지난 인턴 시절의 내 모습을 닮았다. 나는 이들에게 조금 더 부드러운 말투로 다가가려고 노력하고 있다. 이는 내가 준오헤어에서 받은 은혜에 대한 보답이다.

"천천히 해도 괜찮아, 가위는 손보다 마음으로 드는 거야."

이 말 한마디에 준오헤어 경영철학의 깊은 통찰이 배어 있다. 이 안에 사람을 사랑하는 법, 고객을 기다리고 헤아리는 법, 그리고 끝까지 포기하지 않는 법이 모두 담겨 있다. 나는 날마다 가위를 든다. 그러면서 마음속으로 언제나 같은 기도를 한다.

"상처 입은 연약한 새 한 마리가 준오헤어의 숲속에 깃들어 치유받고 성장할 수 있게 해주심을 감사합니다. 나도 준오의 작은 그늘이 되게 해주세요!"

준오헤어는 오늘도 쉼 없이 위로는 활짝 나뭇잎을 피우고, 아래로는 더 깊이 뿌리를 내리면서 숲을 만들어가고 있다. 준오의 철학을 품은 거목들이 울창한 숲을 이루고, 그 안에 많은 청춘의 새들이 날아들어 기쁨으로 노래하고 춤을 추면서 희망의 새 둥지를 틀고 있다.

나를 그 숲에 깃들게 해준 하나님께 감사하며, 철학이 있는 준오헤어의 탁월한 리더십에 고개 숙여 진심으로 사랑과 존경심을 표한다.

"감사합니다. 너무도 훌륭한 준오헤어가 있어 지금 제가 든든히 서 있습니다."

준오헤어숍 샴푸실에서 '사람'을 배우다

처음 샴푸실에 들어섰던 날을 기억한다. 좁고 조용한 공간, 물소리만 잔잔하게 흘렀다. 말보다 손이 먼저 움직이는 바로 그곳에서 머리를 감기는 연습을 시작했고, 모르고 있던 '사람'에 대해 배우기 시작했다.

샴푸실은 내가 생각했던 것보다 훨씬 더 깊고 넓은 새로운 세계였다. 그저 물을 적시고, 거품을 내고 헹구는 단순한 과정이 아니었다. 고객의 고개를 조심스럽게 받쳐 들고 차갑지도 뜨겁지도 않은 적당히 미지근한 물 온도로 살짝 두피를 적신다.

그 순간부터 나는 '기술자'가 아닌 돌봄을 실천하는 사람이 된다. 고객이 숨 쉬는 리듬, 두피에서 느껴지는 하루의 피로감, 말

없이 흘러나오는 긴장감과 체온, 그 모든 감각이 손끝을 타고 전해져온다.

가위보다 손에 익숙해진 것은 물 온도였다. 머리카락보다 먼저 익힌 것은 사람을 조심스럽게 만지는 마음이었다. 준오헤어 샴푸실은 단지 머리를 감겨주는 곳이 아니었다. 그곳은 내게 사람의 온도를 배우는 가장 깊은 교실이었다.

그건 분명히 기술이 아니었다. 훈련된 손놀림 이전에 서로 눈길을 마주치며 건네는 미소, 가만히 어깨 위에 얹는 손길 하나가 무거운 하루를 조금이라도 덜어주고 싶은 작디작은 배려였다. 이런 배경에서 준오헤어는 말한다.

"머리를 감기는 사람도 디자이너이다."

나는 이 말을 샴푸실에서 처음으로 이해했다. 이는 단지 스타일을 만드는 디자이너가 아니라 서로 마음을 열고 어루만지는 사람, 눈에 보이지 않는 교감을 이끌어내는, 말로는 배울 수 없는 또 다른 '기술'이었다.

말 한마디 없이도 고객의 오늘을 느낄 수 있었다. 고개를 살짝 돌리는 움직임, 숨결의 길이, 손끝에 와닿는 미세한 경직감. 그건 어쩌면 말보다 더 정확한 감정의 언어였다. 처음에는 두려웠다.

내 손이 거칠지는 않을까. 고객이 불편해하지는 않을까.

고객의 시선을 마주할 때마다 그 눈동자 속에 담긴 감정을 읽으려고 노력했다. 긴 하루의 피로와 사람과의 부딪힘, 말로는 표현하지 못하는 지친 마음. 그 모든 걸 손끝으로, 물소리로, 온기로 보듬어야 한다.

샴푸실로 들어서는 고객은 단지 두피를 씻기러 오는 발걸음이 아니다. 그 순간은 작게라도 긴장을 내리고, 숨 쉴 틈을 찾고, 살짝이라도 마음을 소통하고 싶어 하는 시간이다. 그리고 나는 그런 미세한 틈과 휴식 공간을 만들어주는 '기술자'가 아닌 '도우미'가 된다.

준오헤어의 샴푸실은 내가 처음으로 사람을 배운 공간이었다. 가위질보다 먼저, 드라이보다 앞서 고객과 호흡을 맞추는 법을 샴푸실에서 익혔다. 그곳에서 배운 건 기술이 아니라, 고객을 대하는 마음의 태도였다.

손끝으로 전달하는 진심, 말 없이도 느껴지는 작은 배려, 물 한 방울의 온도에 담긴 사려 깊음. 이 모든 게 준오헤어가 가르쳐준 성실한 디자이너의 시작점이었다. 나는 샴푸를 하면서 사람을 진정으로 조심스럽게 대하는 예의를 배워가고 있다는 것을 알았다.

이제 나는 높은 직급의 디자이너가 되었다. 스타일링도 잘하고 컬러링도 능숙하게 다룬다. 하지만 나는 여전히 샴푸실에서 배운 초심의 감각을 잊지 않으려고 노력한다. 말없이 상호작용하는 조용한 공간, 진심만 오고간 그곳에서 비로소 디자이너가 될 기본을 갖출 수 있었다.

누군가는 샴푸실을 하찮은 일의 시작이라고 할지 모른다. 하지만 나는 그곳이 디자이너로서, 그리고 한 사람으로서 가장 중요한 첫 수업이었다고 말하고 싶다. 지금도 고객의 머리를 감겨주는 인턴에게 종종 이렇게 말해준다.

"샴푸는 기술이 아니라 '사람'이다. 손끝으로 마음을 전할 수 있으면, 그게 진짜 디자이너란다."

준오헤어가 나에게 가르쳐준 것은 단순히 '시술 잘하는 법'이 아니라 사람을 소중하게 여기는 감성, 그것이야말로 진짜 디자이너의 실력이라는 걸 깨닫게 해준 것이다.

"고객과 마주한 그 순간, 당신은 이미 디자이너이다!"

이 말이 내 안에 스며든 그날부터 나는 샴푸실을 단순히 머리만 감기는 공간이 아닌 인생의 교실이라 부르게 되었다. 인턴 시절 나는 그곳에서 고객을 만났다. 그리고 진짜 '사람'이 되었다.

고객의 '말 없는 표정'이 나를 흔들었다

'고객의 침묵이 나를 세련된 디자이너로 빚어올렸다.'

처음 준오헤어의 문을 열고 출근하던 날, 나는 손에 가위를 쥐었지만, 마음에는 극도의 조심스러움이 배어 있었다.

어쩌면 그건 '두려움'이었다. 내가 누군가의 하루에, 이미지에, 기분에 상처를 낼지도 모른다는 조용한 불안감이 나를 감쌌다. 그래서 첫 커트에 들어가던 날, 손보다 마음을 먼저 다독였다.

준오헤어 입사 첫날, 첫 단독 커트의 모든 동작은 배운 대로였고, 단 한 치의 실수나 오차도 없이 정확하게 시술을 진행했다. 애써 긴장을 눌러가면서 미소도 잊지 않았고, 커트 마무리까지 흔들림이 없었다.

마침내 첫 시술이 끝나고 고객이 천천히 고개를 들어 거울을 바라보던 순간, 나는 마음속으로 작은 박수를 보냈다. 하지만 그 박수는 그리 오래가지 않았다. 고객은 거울 앞에서 아무런 반응이 없었다. 칭찬도 아쉬움도, 심지어 고개를 끄덕이는 제스처조차 없었다.

그저 조용히 자신의 모습만 바라볼 뿐이었다. 그리고 그의 표정은 말이 없는데도 너무 많은 이야기를 담고 있었다. 그건 실망이었을까? 아니면 무언가 비어 있다는 감정일까? 짧디짧은 그 침묵이 이상하게 길게 느껴졌다.

그 고객은 어떤 설명도 할 수 없는 무척 낯설고도 복잡한 표정이었다. 그때 그 침묵이 나에게는 마치 두꺼운 유리 현관문 너머로 아무런 손짓도 없이 등을 돌리는 듯한 먹먹한 느낌이었다. 시술은 틀리지 않았다. 기술적으로도, 디자인적으로도 어떤 오류도 없었다.

하지만 나는 그날 처음으로 머리를 자른다는 것과 사람을 만족시킨다는 건 완전히 다른 이야기라는 걸 깨달았다. 그 고객의 '아무 말 없는 표정'은 내 실력의 부족이 아니라, 내 감정 전달의 부재를 들춰낸 것 같았다.

그날 나는 오직 내 머릿속의 이미지에만 집중했다. 기술이 정확했는지, 각도가 맞았는지, 흐름이 예쁜지에 온 신경을 곤두세웠다. 하지만 그 고객이 어떤 하루를 보냈는지, 어떤 표정을 하고 들어왔는지, 무엇을 기대하고 있었는지는 읽지 못했다.

거울 앞에 앉은 고객은 그날 하루 얼마나 많은 생각을 했을까? 혹시 울고 싶은 심정으로 찾아온 것은 아니었을까? 무엇을 바꾸고 싶어서, 아니면 무거운 감정을 덜어내거나 잘라내고 싶어서, 가위소리에 기대고 싶었던 건 아니었을까? 온갖 생각이 머리를 스쳤다.

그날의 커트는 완벽했다. 하지만 그 사람에게는 자기다운 뭔가를 되돌려주지 못한 커트였다. 그게 내가 흔들린 이유였다. 이후로 나는 가위에 집중하기 전에 먼저 고객의 표정과 마음을 읽는다. 누군가는 스타일이 아니라, 기분을 다듬어주길 바란다.

그날 이후 나는 고객의 손끝이 말해주는 미세한 긴장감, 눈빛에 담겨 흐르는 피로감, 의자에 앉은 자세, 그리고 첫마디를 건넬 때의 목소리 톤 등 그 작은 신호들이 쌓여서 마침내 그 사람이 원하는 진짜 모습을 퍼즐 맞추듯 조금씩 그려낸다.

어떤 날은 과감하게 잘라내는 시원함이 필요하고, 다른 날은 부드럽게 물 흐르듯이 안정감이 필요한 법이다. 그런 걸 가위만으로 알아내긴 어렵다. 그래서 나는 마음으로 듣고, 침묵 속에 담긴 마음의 언어와 표정의 깊이를 읽고 소통한다.

　준오헤어 디자이너가 된 나는 하루에도 수많은 고객을 만나 스타일을 완성한다. 하지만 지금도 커트가 끝나고 고객이 거울을 바라보는 순간만큼은 긴장한다. 그 눈빛 속에 담긴 감정을 놓치지 않으려 한다.

　고객의 침묵이 웃음으로 바뀌거나 눈빛이 반짝이는 변화를 보일 때, 비로소 안도하며 가녀린 숨을 토해낸다. 고객의 '아무 말 없는 표정' 하나가 내 디자인 인생을 바꿨다. 그날 고객의 그 표정이 있었기에 지금의 나로 성장할 수 있었다.

　내가 커트해준 첫날 그 고객은 이제 나의 단골이 되었다. 그 고객에게 항상 고맙게 생각한다. 그 말 없는 흔들림 덕분에 사람을 배우게 되었고, 기술이 아닌 마음으로 머리카락 자르는 법을 익힐 수 있었다.

　고객의 '말 없는 표정'이 나를 흔들었다. 그리고 그 흔들림 속에서 지금 같은 좋은 디자이너가 될 수 있었다고 생각한다. 그래서 그날의 기억이 지금도 내 손끝에서 살아 숨 쉬고 있다는 것에 감사한다.

실패는 '나'를 부수고 다시 나를 빚었다

"예쁘긴 한데… 내가 아니에요."

막 헤어 시술을 끝내자, 고객이 거울을 보고 토해낸 말이다. 그 한마디가 내 모든 자신감을 송두리째 앗아갔다. 나는 그게 끝이라고 생각했다. 무언가 깨진 소리가 마음속에서 났고, 내 안의 자존감은 조용히 무너졌다.

칭찬도 비난도 아닌 힘들게 뱉어낸 매우 조심스러운 그 말 한마디가 나에게는 예리한 칼날보다 더 아프게 날 찢어놓았다. 무수한 가위질로 쌓아 올린 자존심이 순식간에 사라졌다. 그날 나는 처음으로 가위를 내려놓고 울었다.

하지만 지금 돌이켜보면 그때 내가 부서졌기 때문에 비로소 진짜 나를 만들 수 있었다. 실패는 나를 무너뜨렸지만, 그 무너짐 위에 새로운 나를 발견하고, 나를 다시 세울 수 있었다. 부서지는 것은 괴로운 일이지만, 빚어진다는 것은 신비로운 일이었다.

헤어디자이너가 된다는 건 단순히 머리를 예쁘고 멋지게 자르는 사람이 되는 게 아니라는 걸 그날 처음으로 알았다. 멋지고 감각적인 스타일을 만들어낸다는 환상이 단지 고객의 말 한마디에 완전히 무너질 수 있다는 것도 그날 처음 깨달았다.

멋지고 예쁜 게 왜 잘못인가? 내 안에서 무수한 반박이 목구멍으로 터져 나올 듯 꿈틀거렸다. 하지만 고객은 내 기술을 부정한 게 아니라, 나의 무심함을 지적한 것이었다. 나는 고객의 얼굴형은 봤지만, 그날의 기분은 제대로 살피지 못했다.

그 고객에게 잘 어울리는 컬러는 분석했지만, 그 사람이 감당할 수 있는 변화의 속도는 헤아리지 못했다. 그냥 예쁘고 멋지고 완벽한 스타일을 선사하는 데 몰두했다. 하지만 그건 그 고객이 원하는 '나(I)'가 아니었다.

그날 이후 나는 잠시 가위를 내려놓았다. '시술'이 전부라고 믿었던 손을 멈추고 '사람'을 보는 안목을 배우기 시작했다. 가위는 손끝에서 놀지만 진짜 디자인은 마음에서 시작된다는 것을 알았다. 그건 실패가 가르쳐준 깨달음이었다.

그걸 알기까지는 몇 번의 실패가 더 필요했다. 거울 앞의 낯선 표정, 기대와 다르게 굳어진 눈썹, 말없이 갸웃거리는 고개. 그런 표정이 내 안의 무언가를 계속 흔들어댔다. 그리고 나는 천천히, 그러나 분명히 부서지고 다시 빚어지기 시작했다.

이제 나는 고객의 얼굴보다 먼저 그날의 심경과 분위기를 살핀다. 앉은 자세, 인사하는 목소리 톤, 머리를 넘기는 습관 하나까지도 눈여겨본다. 어떤 고객은 변화를 원하면서도 변화를 두려워한다. 또 어떤 고객은 계속 같은 머리를 하면서도 완전히 다른 삶을 살고 있다. 그걸 느끼는 순간, 가위는 내 손에서 감정의 브러시가 된다.

몇 번의 실패는 나를 아프고 고통스럽게 만들었다. 뼈까지 으스러지는 느낌이었다. 하지만 그 아픔이 없었다면 나는 여전히 '예쁘고 멋진 머리'만 고집하면서 '진짜 사람'을 보지 못했을 것이다. 이제 나는 실패를 두려워하지 않는다. 그건 내 성장의 바탕이었고, 내 중심을 다져준 선물이었다.

성공은 나를 빛나게 했지만, 실패는 나를 더 사람답게 만들었다. 그래서 나는 오늘도 준오헤어 강윤선 대표님의 가르침을 생각한다. "디자이너에게 중요한 건 '회복탄력성 resilience'이다." 이는 누구나 똑같은 일을 당했을 때, 상황을 바라보는 안목과 행동에 따라 결괏값이 다르게 나타난다는 것이다.

지금은 자신 있게 말할 수 있다. 내 가위는 이제 고객의 마음을 자르고 분위기를 자른다고. 헤어디자이너의 시술은 시간이 지나면 늙지만, 감각과 감성은 사람을 진심으로 대할 때마다 자꾸만 새로워진다.

그래서 나는 실패가 고맙다. 나를 찢고, 흔들고, 아프게 했던 그 순간들이 지금의 나를 만들어냈다. 나는 더 이상 멋지고 예쁜 머리를 만드는 사람이 아니다. 이제 나는 고객의 오늘을 감싸줄 줄 아는 디자이너다. 그리고 그 시작은 실패에서 비롯됐고, 그 실패가 나를 부수고 다시 새로운 나를 빚어낸 것이라고 말한다.

자르는 건 머리카락이 아닌 고객의 마음

가위질은 똑같이 자르는 여느 '칼'의 놀림과는 완전히 다르다. 내가 머리카락을 자르는 가위는 누구를 해치는 도구가 아니다. 오히려 가위는 자르는 순간에 한 사람의 자존감이 새롭게 되살아나도록 만든다.

가위는 한 올 또 한 올 머리카락을 스치지만, 사실 내가 자르고 있는 것은 그 사람 일상의 불안, 불만, 불편함을 들어내는 행위다. 그래서 내가 만지는 가위는 단순한 도구가 아니라 준오헤어의 경영철학을 장착한 연장이자 나의 분신이라는 걸 알게 되었다.

가위질 하나에도 그날의 기분이 담겨야 했다. 어깨 위로 떨어지는 머리카락은 미련일 수도 있고, 상처일 수도 있고, 혹은 새로운 출발의 다짐일 수도 있다. 가위질은 선을 따라 흐르는 것이 아니라, 고객의 표정과 숨결을 따라가는 작업이라는 걸 배웠다.

내가 느끼기엔 머리카락이 자라는 속도는 마음이 안고 있는 상처를 회복하는 속도와 참 많이도 닮아있다. 눈빛이 처져 있는 고객에게는 말없이 앞머리를 살짝 더 짧게, 지친 사람에게는 부드러운 손길로, 새로운 시작을 앞둔 사람에게는 힘이 있는 리듬으로, 당당해지고 싶은 고객에겐 레이어에 각도를 더 주게 된다.

나는 그냥 스타일을 만드는 게 아니라, 그 사람의 일상을 디자인하고 있다. 자존감을 뿌리부터 세워주고, 자신 있게 거울을 보는 모습을 위해 한 올, 한 가닥의 흐름도 허투루 넘기지 않는다.

어떤 고객은 미용실 의자에 앉자마자 숨을 고른다. "나, 바꾸고 싶어요"라는 그 말 한마디 없이도 눈동자와 숨결에서 다 묻어난다. 그 순간, 나는 헤어디자이너가 아니라 심리 상담가, 즉 '셀프 이스팀self-esteem(자존감)'의 코치가 된다. 그리고 때론 침묵의 친구가 된다.

가위는 내 손에 들렸지만 내가 만지는 건 머리카락이 아니라, 고객의 분위기이다. "오늘 머리 너무 잘 됐어요!" 이 말은 단순한 칭찬이 아니다. "오늘 내 기분 정말 좋아졌어요!"라는 말의 다른 표현이다.

그날 하루 날씨보다 더 예민한 고객의 컨디션, 단발이 어울릴까 망설이는 속마음, 속눈썹을 가리려는 앞머리 길이까지 나는 가위 하나로 그 모든 걸 이해하고, 들어주고, 보듬는다.

헤어디자인이 매일 똑같다고? 아니다. 내 앞에 앉는 고객이 날마다 다르고, 그들의 마음도 항상 다르다. 그래서 나는 늘 새로운 일상을 살고 있다. 아침마다 가위를 들면서 기도하듯 다짐한다.

"오늘도 누군가의 하루를 멋지고 예쁘게 잘라보자! 자르면서 채우고, 깎으면서 높이자. 머리카락은 바닥에 떨어지지만, 고객의 마음은 일으켜 세우자!"

가끔 후배들이 묻는다. "선배는 어떻게 그렇게 감각적으로 잘 자르세요?" 나는 웃으면서 대답한다. "감각은 손끝에서 나오지 않아. 그날 그 고객의 분위기와 마음을 헤아려보려는 눈에서 시작되지."

내 가위는 날카롭지만, 내 마음은 한없이 부드럽다. 손은 빠르지만, 감정은 느리고 온화함을 느낀다. 그래서 내가 자르는 건 단순한 머리카락이 아니라 고객의 마음에 담긴 욕망을 잘라내는 것이다.

나는 고객의 마음에 묻어있는 찌꺼기들, 그의 불안, 무기력,

망설임을 잘라내고 무너진 자존감을 다시 세워주는 디자이너다. 나는 가위를 처음 배우면서 내 안에 있는 무수한 것들, 즉 불안, 두려움, 열등감, 편견 등을 먼저 잘라냈거든.

나는 오늘도 조심스럽게 가위를 집어든다. 그건 내가 가위로 누군가의 마음을 자를 수 있는 가장 따뜻한 방식이기 때문이다.

부원장이라는 무게, 웃으며 버티는 법

"나는 늘 웃었다. 그리고 밤에 울었다!"

이 말이 지금의 나를 가장 잘 설명하는 문장일지도 모른다. 준오헤어 부원장이라는 이름만 들어도 뭔가 어깨를 짓누르는 느낌이 전달된다.

무엇보다 준오헤어에서 이 이름표에는 무게가 있다. 화려함보다는 묵직함이, 칭찬보다는 책임이 먼저 따라오는 자리다. 누군가는 "이 정도면 성공한 거 아니에요?"라고 말한다. 나는 웃으며 고개를 끄덕이지만, 속으로는 안다. 이 자리는 끝이 아니라 시작이다.

고객의 스타일을 책임지고, 동료의 성장을 이끌고, 후배의 실수는 막아주고, 매출은 끌어올려야 하고, 본사와의 회의는 환한 미소로 참석해야 하고, 숫자는 냉정한데 사람은 열정으로 뜨거워야 하는 자리이기 때문이다.

말 그대로 '팔방미인'이어야 한다. 솔직히 나는 출근할 때마다 나를 다잡는다. "오늘도 웃자. 힘든 티 내지 말고 팀 동료들을 먼저 살펴보자!" 이렇게 하다 보니 어느새 항상 밝은 내가 되고, 밝은 무대가 된다.

간혹 헤어숍에 무거운 공기가 흐르면 내가 먼저 웃으며 분위기를 바꾸려고 노력한다. 눈빛만 봐도 다 안다. 후배는 선배인 나를 "선배님, 완벽해요"라고 치켜세워주지만 그냥 웃는다. 실제로 종종 몰래 울다가 나온 적도 있다.

아무도 몰랐으면 좋으련만 그런 밤들이 있다. 클로징 후 다들 떠나고 텅 빈 공간에 혼자 남아 거울에 비친 파리한 내 얼굴을 보며 '나 정말 괜찮은 디자이너 맞나?' 중얼거리듯이 혼잣말을 삼키는 시간이 있다.

내 어깨 위엔 늘 숫자와 사람 사이에서 균형을 잡느라 퍼렇게 멍든 감정들이 나를 짓누르고 있다. 매출이 떨어진 날, 고객의 표정이 밝지 않은 날, 동료들이 지쳐있는 날엔 오히려 나는 웃는다. 누군가는 웃어야 하니까.

그래도 이 자리에서 버티는 건 단 한 가지 이유가 있다. 내가 사랑하는 사람들이 여기 준오헤어에 모여있다. 단골 고객과 동료들, 그리고 우리 매장을 지켜보면서 격려해주는 본사의 윗선 모두 내가 진심으로 사랑하고 존경하는 분들이기 때문이다.

하루는 지쳐서 조금 일찍 퇴근하려는데, 막내 디자이너가 다가와 말했다. "선배님, 저 오늘 정말 힘들었는데요…. 옆에서 고개를 끄덕여줘서 견딜 수 있었어요."

그 말에 털썩 주저앉아 울고 싶었다. 나는 그 말의 의미를 알고 있기 때문이다. 그러면서도 그 후배가 무척이나 고맙고 따뜻하게 여겨졌다. 내가 웃는 이유는 억지로 버티기 위해서가 아니다. 단지 누군가를 지켜주고 사랑하고 있다는 걸 웃음으로 전달하려는 것이다.

준오헤어 부원장이란 타이틀은 빛나는 동시에 홀로 견뎌야 하는 자리다. 하지만 무거운 짐을 견디는 법은 억지로 참는 게 아니다. 작은 웃음과 온기로 서로 정을 나누는 것이라는 걸 안다.

그래서 나는 육신으로는 지치고 힘들어도 날마다 웃으려고 노력한다. 매출표 앞에서도, 샴푸실에서도, 동료들 곁에서도 내가 먼저 웃으면 그 밝고 아름다운 에너지가 매장을 채우면서 어느새 팀이 부드러운 하나가 되고 처진 분위기가 되살아난다.

마침내 동료들의 어깨가 가벼워지면서 웃음꽃이 피어난다. 그런 분위기를 누구보다 고객이 먼저 느낀다. 그게 바로 부원장이라는 무거운 짐을 지고도 웃으며 버티는 나만의 방식이 된 것이다.

무엇보다 준오헤어라는 큰 숲에서 부원장이 된다는 건 더 많이 배우고, 더 깊이 책임지는 자리가 된다. 그리고 그 길 위에서 나는 나 혼자 잘되는 사람이 아니라, 모두가 성장하게 돕는 사람이라는 걸 깨닫는다.

고객의 밝은 미소가 준오헤어의 성공 지표

요즘은 무엇이든 숫자가 말하는 시대다. 숫자는 거짓말을 하지 않는다고 말한다. 하지만 모든 진실은 한결같이 모두 숫자로 환산되지는 않는다.

SNS 후기, 팔로워 수, 월간 매출, 고객 재방문율, 시술 건수, 그리고 브랜드 파워 로고와 함께 새겨진 명함의 무게까지 겹친다. 헤어디자이너라면 누구나 그것들 앞에 조금 흔들릴 수 있다. 그러나 숫자로 다 담을 수 없는 결정적인 한 가지가 있다. 바로 고객의 미소다.

나는 진짜 성공의 순간은 그 어디에도 존재하지 않는다는 걸 알고 있다. 진짜는 거울 앞에서 고객이 조용히 미소 지을 때, 그때

딱 한 번 아주 잠깐 스치듯 빛나는 그 표정에 있다. 그건 누구의 기록에도 남지 않지만 내 마음엔 가장 선명하게 박힌다.

나는 종종 생각한다. 우리가 하는 일은 헤어스타일을 파는 직업이 아니다. 고객이 자기 자신을 다시 사랑하게 만드는 순간을 디자인하는 살아있는 예술가다. 그리고 그 모든 순간의 종착지는 어김없이 거울 앞이며, 그 고객은 내가 창작한 설치작품이나 다름없다.

고객이 헤어 시술이 끝나고 손거울을 들어 긴 머리를 가볍게 넘기거나 새로운 앞머리를 천천히 만지작거리며 입꼬리가 살짝 올라갈 때, 그 미소는 내가 만든 커트 작품보다 더 오래 기억된다.

거기에는 단순한 만족 이상의 감정이 담겨 있다. "이제 다시 나답게 살 수 있겠다"라는 안도, "누군가에게 더 당당히 설 수 있겠다"라는 용기. 그 작은 미소는 겉모습의 변화에서 비롯된 것이다. 하지만 그것은 내면을 어루만진 결과이다.

준오헤어는 단순히 헤어스타일을 제공하는 브랜드가 아니다. 우리는 '고객의 오늘'을 책임지는 사람들이다. 그리고 오늘을 밝히는 힘은 그들의 밝은 미소에서 번져 나온다. 그래서 언제나 준오헤어의 '모토motto'는 '일류'와 '최고'를 지향하는 것이다.

고객의 미소는 "감사합니다"라는 공손하고 친절한 한마디 인사보다 깊고, "마음에 들어요"라는 말보다 더 진심으로 다가온다. 그건 고객이 자기 자신과 다시 연결되는 순간의 언어다. 그 미소 하나에 몇 번의 고민과 몇 번의 망설임이 있었는지를 안다.

한번은 어느 고객이 시술 후 조용히 말했다. "요즘 자꾸 내 사진만 봐요. 오랜만에 마음에 드는 나이기 때문입니다." 그 말을 듣는 순간 나에게는 각종 숫자가 모두 사라지고, 그의 미소와 언어만 뇌리에 깊이 각인되었다.

디자이너의 성공은 어디서 오는가? 포토존 앞의 사진 숫자일까, 아니면 1등 매출일까, 명함에 박힌 직급일까? 모두 중요하다. 하지만 그 모든 건 결국 "고객이 거울 앞에서 얼마나 행복한가요?"라는 이 한 가지로 수렴된다.

고객의 환하고 밝은 표정 하나로 오늘의 내 커트가 성공했는지를 판단한다. 그러면서 그 눈빛 하나로 준오헤어가 진짜 의미 있는 하루를 준비하고 살았는지를 확인하게 된다.

그래서 나는 오늘도 누구보다 가위질을 사랑한다. 그건 단순한 일이 아니기 때문이다. 이는 한 사람의 마음을 회복시키는 가장 중요한 만남의 마법 같은 거라고 믿기 때문이다.

나는 여전히 SNS에 사진을 올리고, 숫자를 체크하고, 리뷰를 달고, 다음 주 예약을 관리한다. 하지만 내가 진짜 집중하는 건 단 하나, 고객이 거울 앞에서 살며시 미소 짓는 그 순간이다.

나는 언제나 그 순간을 위해 배우고, 자르고, 다듬고, 버티고 또 성장하고, 발전해나간다. 세상 모든 숫자가 내 곁을 지나가도 한 사람의 밝은 미소가 내 마음을 채운다면 그보다 더 행복한 건 없다.

고객의 해맑고 명랑한 미소야말로 내가 헤어디자이너로 살아가는 이유이자 준오헤어가 진정으로 추구하는 성공 모델의 경영 철학 방식이기도 하다. 그래서 준오헤어의 진짜 성공 지표는 고객 한 사람의 미소에 담겨 있다.

그 미소가 많아질수록 우리는 더 진심에 가까워진다. 그 미소가 깊어질수록 우리의 기술은 단순한 시술을 넘어 사람을 디자인하는 헤어 예술이 된다.

인생은 자르는 게 아니라 다듬는 것이다

인생은 흔히 무엇을 일도양단하듯 '과감하게 잘라내는 것', '끊어내는 것', '버리고 덜어내는 것'이라고 말한다. 나쁜 습관을 잘라내고, 좋지 않은 인연을 정리하고, 쓸모없는 시간을 덜어내야 한다고 강조한다. 그 말이 틀린 것은 아니다.

그러나 지나치게 날카로운 가위는 한겨울 인고의 시간을 견디며 외롭게 피어난 봄꽃의 줄기를 꺾어버린다. 아름답고 조화롭게 다듬을 수 있는 것을 잃어버리게 만든다. 그래서 나는 인생은 자르는 것이 아니라, 다듬는 것이라고 말하고 싶다.

우리는 살아가면서 흑과 백, 옳고 그름, 성공과 실패 등으로 나누기를 좋아한다. 마치 잘라낸 조각이 쓰레기통에 버려져야만 의미가 있고, 살아남은 일부만이 가치가 있다고 믿는다. 그러나 삶은 그리 단순하지 않다. 진짜 아름다움은 불필요한 것을 잘라내는 날카로움이 아니라, 서로 다른 결이 만나 조화를 이루는 그 경계선에 있다고 생각한다.

나는 어렸을 때 공부를 정말 싫어했다. 친구들도 선생님도 모두 공부 못하는 아이로 낙인찍고, 모든 걸 성적으로 쉽게 나를 재단했다. 하지만 내 어머니는 달랐다. 어머니는 그들처럼 나를 자르지 않고 다듬어주셨다. 나의 부족함을 내치기보다는 그 안에서 다듬어질 수 있는 무언가를 찾아내셨다.

중학생 때 어머니 부업을 도와드리면서 내가 손재주가 좋다는 것을 아셨고, 나에게 종이 오리기를 시키고, 말솜씨가 있다는 이유로 동생에게 동화를 들려주게 하셨다. 그때 나는 비로소 '공부 못하는 아이'에서 '다른 걸 잘하는 아이'로 변모하기 시작했다. 그 작은 인정이, 그 조용한 기다림이 내 인생의 방향을 조금씩 다듬어나간 것이다.

어머니는 공부 싫어하는 나를 억지로 가르치려고 하지 않았다. 오히려 다른 모양으로 다듬어 빛으려고 노력했다. 성적표의 숫자보다 눈빛을 먼저 보셨고, 암기 잘하는 성적보다 손끝의 창의력을 믿어주셨다. 그렇게 나는 '성공'이라는 단어조차 몰랐던 아이에서, 지금은 누구보다 내가 좋아하는 일을 하며 살아가는 사람으로 성장했다.

내가 누군가의 가능성을 믿고 키워낼 수 있는 사람이 될 수 있었던 건 누군가 나의 가능성을 날카로운 칼 대신 따뜻한 손길로 다듬어주었기 때문이라고 생각한다. 첫 번째 나의 가능성을 발견하고 다듬어주신 분이 어머니였다. 그리고 두 번째가 바로 내 자유로운 영혼을 다듬어준 준오헤어였다. 그게 오늘 내가 이 자리에서 최선을 다할 수 있도록 능력을 발휘하게 해준 '자양분'이다.

머리를 자를 때도 마찬가지이다. 과감하게 커트하는 기술도 필요하고 중요하다. 그러나 진짜 멋진 아름다움을 만들어내는 것은 균형과 절제라고 생각한다. 어울리지 않는 부분을 조금씩 덜어내되, 고유의 매력을 해치지 않도록 다듬는 일은 단지 헤어디자이너의 기술이 아니라 사람을 대하는 마음의 '태도'라고 믿는다.

우리는 날마다 수많은 선택의 갈림길에 선다. 평가의 눈빛, 후회와 반성의 시간 앞에서 우리는 늘 '이것이냐, 저것이냐?' 무언가를 잘라야 하는 결정에 내몰린다. 그러나 선택은 단지 이분법으로 깎아내거나 덜어내는 '싸움'이 아니다. 진짜 선택의 지혜는 자르지 않고 서로 다른 걸 부드럽게 연결하는 힘에서 나온다. 나는 이런 조화로운 창작을 헤어디자인에서 배웠다.

나는 그것이 사람을, 고객을 대하는 바른 자세이자, 인생을 대하는 방법이 되어야 한다고 믿는다. 나는 실패한 자신을 보며 실망하는 누군가에게 말하고 싶다. "너는 아직 다듬어지고 있는 중이란다. 지금은 매우 거칠고 뾰족한 모서리일지 몰라도 네 안에는 보석처럼 빛나는 '결'이 있단다."

이 말은 항상 내가 나에게 건넨 말이기도 하다. 그리고 어머니가 내게 매일매일 보여주고 들려주셨던 사랑의 언어였다.

인생은 불필요한 것을 잘라내는 것만이 능사가 아니다. 인내로 다듬고, 사랑으로 완성해가는 조각이다. 그 과정에서 우리는 좀 더 아름답고 유려하게, 나를 나답게 빚어낸다. 그래서 나는 고객의 머리를 자르고 다듬을 때, 어디를 잘라야 할지를 고민하기보다 어떻게 다듬어야 할지를 더 깊이 고려한다.

그리고 오늘도 나의 서툶과 실수, 여전히 덜 정돈된 내 마음을 한 올 한 올 다듬어나가고 있다.

우리는 준오의 숲에서 함께 자라는 나무

　내가 헤어 온실의 묘목장에서 길러진 뒤에 준오헤어라는 넓은 필드에서 스무 살짜리 나무로 이식되어 뿌리를 내릴 때, 세상은 아직 낯설고 햇살은 방향을 가늠하기 어려울 정도로 눈부시기만 했다.

　그런 숲에서 나는 열정 하나만 가지고, 가위 하나에 인생을 걸고, 준오헤어라는 거대한 숲속에서 그 첫 뿌리를 내렸다. 그때의 떨림과 혼돈은 말로 표현하기 어렵다. 이후 수많은 좌절을 딛고 나는 지금 20대 끝자락, 그 숲 한가운데서 부원장이라는 생생한 이파리를 달고 서 있다.

　억대 연봉이라는 결실은 단순한 숫자가 아니라, 이 숲이 품고 길러준 시간의 무게이고 세월의 두께이자 함께 걸어온 선배와 동료들이 남긴 흔적이다. 이 울창한 숲속에서 하나의 나무로 든든히 뿌리를 내리고 성장할 수 있었던 것은 먼저 그 길을 걸었던 선배들의 아낌없는 가르침과 따뜻한 격려 덕분이다.

무엇보다 이 숲에는 아무나 오르지 못할 거목이 버티고 있다. 그 이름은 강윤선 대표님이다. 한 손엔 가위를, 다른 손엔 책을 들고 배움을 외치면서 한 사람의 디자이너가 어떻게 하나의 조직을 넘어 한 산업을 일으킬 수 있는지를 몸소 보여준 분이다.

그의 경영철학은 단순한 시스템을 뛰어넘는다. 그것은 사람을 믿는 용기이며, 실패를 성장의 시작으로 여기는 지혜이다. 그 철학에는 늘 사람이 먼저이고, 배움이 먼저다. 디자이너 한 사람 한 사람의 가능성을 믿고, 스스로 빛을 발할 수 있도록 기다려준다.

준오의 교육 경영은 단순히 기술을 가르치는 것이 아니라, 디자이너로서의 자세와 감정, 철학에 이르기까지 총망라하는 전인교육이다. 그 안에서 우리는 더 단단해지고, 다듬어지고, 때론 부러졌다가도 다시 일어선다.

나 역시 수많은 실수와 좌절, 그리고 부족함 속에서도 끝내 이 자리에 설 수 있었던 것은 그 모든 실패를 배움이라고 격려한 준오의 시스템과 선배들의 헌신적인 배려 덕분이다. 내가 만난 준오의 선배들은 나보다 먼저 가지를 뻗었지만 뒤따라오는 나를 가리지 않고 더 많은 햇살을 나누어주려고 애썼다.

인턴 시절, 샴푸 하나 제대로 하지 못해 주눅 들었던 나에게 "괜찮아, 처음엔 누구나 그래"라며 다독여주시던 선배의 손길, 복잡한 커트 테크닉을 밤늦도록 가르쳐주던 스승의 열정, 고객과의 소통에 어려움을 겪을 때 자신의 경험을 나누며 조언을 아끼지 않던 준오헤어 선배님들의 지혜. 그 모든 것이 지금의 나를 만든 자양분이었다.

이렇게 준오헤어의 숲은 경쟁의 정글이 아니라 함께 자라는 숲이다. 어느 한 나무가 높이 자랐다고 해서 다른 나무를 가리는 그늘이 되는 법이 없다. 오히려 서로의 뿌리가 땅 밑에서 연결되어 비바람에도 쓰러지지 않는 단단한 힘을 만들어낸다.

그래서 우리는 서로를 응원하며 성장하고, 한 사람의 성공이 모두의 희망이 되는 그런 구조 속에서 함께 살아간다. 내가 이 자리에 선 것도 단지 나만의 노력이 아니다. 그것은 이 숲 전체의 노력이고, 원대한 목표를 가지고 그 숲을 체계적으로 설계한 헤어 철학자이자 심리학자인 강윤선 대표님의 혜안에서 비롯된 것이다.

내가 이 글을 쓰는 것도, 여전히 부족하지만 준오헤어 철학의 세례를 받고 성장한 내가 그동안 경험하고 배운 것을 체계적으로 정리해 내가 받은 따뜻함을 후배들에게 전하고 싶기 때문이다.

새로운 인턴 디자이너들이 불안한 마음으로, 또는 자기 꿈을 갖지 못하고 출근해도 '준오에 왔으니 괜찮다'라는 믿음과 꿈을 가질 수 있도록, 무엇보다 실패를 두려워하지 않고 그 실패가 오히려 성공의 기반이 되어 다시 일어설 수 있도록 전해주고 싶다.

준오헤어의 숲은 꾸준히 확장되고 있다. 수많은 묘목이 옮겨지지만, 한 그루도 빠짐없이 온전히 성장할 수 있다는 희망을 전하고 싶다. 이 숲에는 다양한 종류의 나무들이 서로 다른 속도로 뿌리를 내리며 가지를 뻗고 있다. 그러나 분명한 것은 이 숲은 모든 나무가 함께 자란다는 것이다.

그리고 그 숲의 중심에는 '사람을 믿고 존중하는 힘'이, '실패를 감싸는 사랑'이, 그리고 '함께 성장해가는 동료애'가 있다. 바로 그것이 준오헤어의 숲이 끝없이 뻗어나가며 푸르게 가꾸어지는 성장동력의 원천이다.

가위 끝에서 피어나는 'K-뷰티의 미학'

한 시대의 미美는 그 시대의 손끝에서 피어난다. 대한민국의 헤어디자이너 '셀럽들celebrities', 그들은 한국이라는 나라의 미적 감각과 창조적 정체성identity을 세계에 각인시키는 '문화 외교관 cultural diplomat'이자, '한류Korean wave'의 또 다른 이름이다.

이 엄청난 변화와 발전의 중심에는 '헤어 셀럽'이 있다. 이들은 뷰티산업의 기술자에서 '문화 크리에이티브culture creative'로 거듭났고, 수천수만 명의 젊은 디자이너들에게 꿈의 길을 열어주는 멘토이자 길잡이가 되었다.

강윤선 대표가 이끄는 '준오헤어'는 헤어디자이너라는 직업의 위상을 한 단계 업그레이드하며, 트렌드의 최전선을 걷는 감성 브랜드다. 그는 준오헤어를 단지 '머리를 자르는 곳'이 아니라 '자신을 다시 찾는 곳'으로 만들었다. 그의 리더십 아래 준오헤어는 수많은 디자이너의 꿈의 무대가 되었다. 준오라는 이름은 곧 'K-Beauty'의 대명사가 되었다.

그는 수많은 디자이너를 육성하고, 창의성과 자기표현의 자유를 존중하는 교육 시스템을 통해 단순한 디자이너가 아닌 '디자인 경영자'를 탄생시켰다. 헤어디자인을 통해 자존감을 회복시키고, 고객의 삶에 긍정적 영향을 주는 일에 집중했다. 그의 철학은 브랜드를 넘어 하나의 문화로 확산되었고, 이제는 세계 시장을 향한 도전으로 이어지고 있다.

준오헤어 디자이너는 머리카락을 자르는 게 아니라, 사람의 자존감을 디자인하고, 문화의 미학을 전파하고 있다. 현재 한류의 선두 주자 'BTS', '블랙핑크', 뉴진스' 등 전 세계를 휩쓸고 있는 'K-pop' 아이돌들의 상징적 헤어스타일은 그저 유행이 아닌, 한국인의 창의성과 섬세함, 감각이 직조된 결과물이다.

이제 한국의 디자이너들이 창조하는 헤어스타일은 파리와 런던, 그리고 세계 패션계의 최정상으로 주목받는 무대 '뉴욕 런웨이 New York Runway'에서까지도 환호를 받고 있다.

그래서 'K-Hair'라는 단어는 하나의 글로벌 코드가 되었다.

1990년대까지만 해도 우리는 프랑스나 영국, 일본, 미국을 따라가던 후발주자였다. 그러나 지금 한국은 단지 트렌드나 유행을 따르고 좇는 나라가 아니라, 새로운 트렌드를 만들고 선도하고 있다.

'K-뷰티'는 단순한 외형의 아름다움을 뛰어넘어, 사람의 삶을 디자인하는 철학으로 진화하고 있다. 헤어 셀럽들이 그 최전선에 서 있다. 가위 끝에서 피어나는 미소와 자신감, 그것은 더 이상한 개인의 변화를 넘어 세계가 열광하는 문화현상이 되었다.

지금 대한민국의 헤어디자이너 셀럽은 한류 문화의 전파자이자, 정체성의 설계자들이다. 특히, 시대를 디자인하고, 세계를 감동시키는 예술가이자 선구자이다. 그리고 이 흐름은 이제 시작에 불과하다.

이렇게 한국의 헤어 셀럽들은 이 순간에도 세계인의 머리 위에 아름다움을 그리고 있다. 그들의 손끝은 이제 단순히 스타일을 넘어서 한류의 다음 세대를 디자인하고 있다. 그래서 우리는 지금 당당히 이런 질문을 던져야 한다.

"다음 세대의 헤어디자이너 셀럽은 누구인가?"
"그들은 어떤 미학을 품고, 어떤 가치를 세계에 전달할 것인가?"

PART 3

가위로 그리는 행복의 실루엣

단 한 번의 선택이 인생을 좌우한다

한눈에 읽는 스타일, 손끝은 마법이 된다

흔히 어떤 사람은 옷을 보면 그 사람의 성격을 알고, 어떤 사람은 말투를 보면 그 사람의 진심을 안다고 말한다. 하지만 디자이너인 나는 헤어숍에 들어오는 고객의 모습을 보면 그 사람에게 가장 잘 어울릴 머리 스타일을 단번에 척 알아낼 수 있다.

나는 초등학교 시절부터 유난히 사람들의 얼굴에 관심이 많았다. 사람을 대하면 가장 먼저 얼굴 형태와 눈빛, 이목구비, 피부 빛깔이나 표정까지 살펴보는, 나도 모르는 묘한 습관이 있었다. 특히 어릴 때부터 어디서든 거울이 걸려있으면 다가가서 곧잘 거울 속 내 모습을 한참 동안 바라보곤 했다. 한 외로운 아이가 스스로 고독을 견디는 방법이었을까.

이후 나는 사람의 인상을 가장 강하게 바꾸는 건 머리 모양이라는 걸 본능적으로 깨닫기 시작했다. 어머니가 머리를 하고 오는 날은 완전히 다른 사람으로 변모하는 걸 느꼈고, 주일 교회에서도 목사님이 이발을 하고 오시는 날은 전혀 다른 모습으로 변한다는 걸 알았다. 나는 헤어스타일이 사람에게 정말 중요하다는 사실을 알고 더욱 관심을 가지게 됐다.

이후 그런 변화를 읽고 점점 더 재미를 느끼면서 사람의 머리를 아름답게 꾸미고 다듬는 헤어디자이너가 되고 싶다고 생각했다. 그래서 고등학교에 진학하면서 내 인생의 방향은 헤어디자이너가 되기로 정해졌다. 고등학교 때 이미 아르바이트로 동네 미용실에서 일을 배웠다. 그리고 대학에서 정식으로 헤어디자인을 전공했다.

그 당시 나는 헤어를 공부하는 평범한 대학생이었다. 하지만 학과 친구들과 다른 점이 딱 하나 있었다. 어릴 때부터 유난히 사람의 모습을 관찰하던 습관이 이제 대학에서는 한 사람 한 사람의 모습을 이미지로 형상화하기 시작했다. 그때부터 나는 특징 있는 사람을 보게 되면, 그 사람에게 가장 잘 어울리는 헤어스타일을 머릿속으로 그려보는 이미지 작업을 시작했다.

대학 시절부터 매일 거리에서 만나는 사람 중 어떤 특징이 그려지는 사람 10명 이상을 유심히 관찰하면서 이미지트레이닝을 한 것을 내 머릿속에 저장하기 시작했다. 특히, 젊은 청춘들이 많이 다니는 홍대와 신촌 거리를 비롯해 멋진 스타일을 뽐내는 강남 지역 등을 다니면서 훈련을 지속했다.

그렇게 지난 10여 년 동안 모르긴 해도 수만 명을 대상으로 이미지트레이닝을 계속하면서 엄청난 데이터를 내 머릿속에 쌓아가기 시작했다. 내가 만약 인공지능AI이라면 빅데이터를 구축하고 있었던 셈이다. 하지만 나는 인간이다. 그래서 이미지트레이닝을 한 데이터를 컴퓨터에 담을 수 없었다.

다만 그 많은 이미지트레이닝 데이터를 내 머리와 가슴에 담아두고 있다. 나의 끊임없는 열정으로 그런 직관적 이미지 훈련이 지속되면서, 이제 나는 누구도 흉내 낼 수 없는, 내 두뇌 속에 엄청난 감각 데이터를 가지게 된 것이다. 나는 지금 이미지트레이닝의 폭발력으로 성과를 얻고 있다.

나는 어떤 머리 스타일을 한 고객이든 헤어숍으로 들어오는 순간, 그 사람의 외면과 내면을 동시에 꿰뚫어보는 능력을 발휘하고 있다. 예를 들면 "얼굴형이 긴 사람에겐 균형을 맞추는 라인을", "이목구비가 부드러운 사람에겐 볼륨과 강약을 조절해 캐릭터를 살리는 일", "광대뼈가 도드라진 사람은 헤어 볼륨을 키우는 일" 등이 한순간에 직관적으로 파악된다.

또는 화려한 스타일을 꿈꾸지만 용기를 내지 못하는 고객에게는 책임지고 변화를 시도할 방안을 제안할 수 있다. 나는 오랜 이미지트레이닝 경험을 바탕으로 단지 머리카락을 자르는 게 아니라, 그 사람의 이미지를 설계하고, 삶에 긍정적인 에너지를 불어넣는 일을 매일매일 실천하고 있다. 내 자랑처럼 들리겠지만, 이는 준오헤어에서 충분히 내 능력을 발휘하고 있다.

헤어는 무엇보다 기술이 중요하다. 커트, 드라이, 컬러링, 펌, 볼륨, 텍스처, 그리고 고객의 두상과 모발 상태까지 고려하는 복잡한 계산과 경험이 필요하다. 하지만 더 중요한 건 그 사람이 원하는 진심을 이해하는 감성과 감각이다. 헤어디자이너란 단순히 손재주가 좋은 기술자가 아니라고 생각한다. 디자이너는 어떤 사람의 마음을 읽는 직관과 그 직관을 그대로 현실로 구현하는 예술가다.

지난 10년이라는 긴 시간을 나도 모르게 그냥 지나가는 사람들을 유심히 관찰하면서 재미있게 취미처럼 이미지트레이닝을 해온 그 '루틴' 하나가 이렇게 엄청난 자산이 될 줄은 몰랐다. 지금 내 머릿속에 저장되어 있는 수만 명의 이미지트레이닝 데이터는 이제 누구도 흉내 낼 수 없는, 또 그 어떤 헤어 교과서보다 유용한 나만의 '헤어 마법'으로 강렬하게 요동치고 있다.

그래서 나는 항상 자신 있게 고객을 상담한다. 어떤 고객이 찾아오더라도 그 사람이 만족하고, 자신을 더 사랑할 수 있는 스타일을 제안하고 구현할 수 있다. 왜냐하면 나는 여느 헤어디자이너들과 달리 단지 기술로만 머리를 자르지 않고, 내 데이터베이스에 내재한 '마법사' 같은 감각으로 오늘도 고객의 머리를 디자인하기 때문이다.

헤어스타일을 바꾸면 삶이 바뀌게 된다

나를 찾아와 준오헤어숍의 거울 앞에 앉는 사람은 어쩌면 자신의 삶을 다시 그려보려는 것인지도 모른다. 손끝에 힘을 주어 머리를 쓸어넘기거나, 눈을 반쯤 감은 채 내 가위질을 기다리는 고객은 단지 머리 모양을 바꾸려는 게 아니라는 걸 나는 직감으로 알고 있다.

대개 그들은 지나온 시간을 다듬고, 다가올 시간을 새로이 맞이하려는 것이다. 그럴 때마다 헤어는 결코 단순한 외형이 아니다. 그것은 한 사람의 생활 리듬, 인생의 박자, 감정의 결을 바꾸려는 신호탄이 된다. 스타일의 변화는 단순히 외모의 변화를 넘어, 한 사람의 자존감과 내면에도 깊은 영향을 미친다.

"머리만 바꿨을 뿐인데, 완전히 다른 사람이 된 것 같아요."
종종 고객으로부터 이런 말을 들을 때가 있다. 이때 나는 헤어디자이너로서 가장 큰 희열을 느낀다. 새로운 스타일에 만족한 고객은 거울 앞에서 자신도 몰랐던 또 다른 매력을 발견하고, 자신감 있는 태도와 긍정적인 마음의 에너지를 얻는다.

이런 경우 오랫동안 자신을 짓눌렀던 콤플렉스가 헤어스타일의 변화를 통해 해소되기도 하고, 외모 때문에 소극적이었던 사람이 적극적으로 자신을 표현하기도 한다. 이러한 순간들을 통해 헤어디자인이 사람에게 가진 강력한 치유의 힘을 실감하게 된다.

특히, 중요한 면접을 앞둔 취업 준비생, 새로운 시작을 꿈꾸는 사람, 혹은 삶의 전환점에서 변화를 모색하는 이들에게 헤어스타일은 단순한 외모 관리를 넘어, 그들의 도전을 응원하고 내면의 힘을 끌어내는 촉매제가 될 수 있다. 나는 고객과 깊이 있는 상담을 통해 그들이 원하는 이미지와 그 안에 담긴 열망을 파악하고, 그것을 가장 잘 표현할 수 있는 스타일을 제안한다.

가위로 머리카락을 자르는 행위는 어쩌면 그들의 불안과 망설임을 함께 잘라내는 의식과도 같다. 그렇게 완성된 헤어스타일은 그들에게 '새로운 나'를 선물하고, 세상을 향해 당당하게 나아갈 수 있는 용기를 심어준다. 나는 이처럼 사람들의 삶에 긍정적인 변화를 가져오는 '자존감을 디자인하는 사람'이 되려고 노력한다.

몇 년 전 내가 여성의 헤어를 디자인할 때 일어난 일이다. 하루는 20대 중반의 긴 머리를 한 여성이 거울 앞에 앉자마자 "디자이너 님, 저는 오늘 이별의 아픔을 안고 왔어요. 알아서 커트해주세요"라고 말했다. 순간 당황했지만, 나는 금방 그녀가 원하는 것을 알아챘다.

나는 그녀의 긴 머리를 이별의 아픔과 함께 과감하게 잘라냈다. 정말 내가 봐도 낯설 정도로 짧은 단발을 한 그녀는 "익숙했던 사랑의 끝에 서서 새로운 나를 만나는 기분"이라고 말하면서 행복하게 미소지었다. 그녀의 미소 속에는 디자이너에 대한 고마움과 새로운 매력으로 탄생한 자신에 대한 당당한 자존감이 묻어났다.

헤어스타일은 이렇게 감정과 상황, 그리고 용기를 담아낸다. 대개 결혼을 앞두고는 곱고 부드러운 웨이브로 설렘을, 이별을 마주한 뒤에는 짧은 단발의 강렬한 이미지로 스스로를 다잡는다. 직장을 옮기거나 새로운 팀으로 이동하는 날은 깔끔하고 단정한 모습으로 자신감을 드러낸다.

이렇게 만남과 이별, 이직이나 시작 같은 인생의 큰 장면에는 헤어스타일을 바꾸는 짧은 순간 속에 모든 준비가 일어난다. 뭔가 새로운 것을 시작하고 싶을 때, 우리는 먼저 머리를 바꾸고 싶어 한다. 달라진 헤어스타일은 세상이 나를 다르게 보게 만들 뿐만 아니라, 내가 나를 다르게 보려고 열망한다.

이런 점에서 헤어스타일은 단순한 기술이 아니다. 그것은 마음을 읽는 일이며, 시간을 읽는 일이다. 무엇보다 변화에 색깔과 형태를 부여하는 예술이다. 그래서 디자이너인 내 손끝에는 종종 아무에게도 말하지 못하는 사연이 실려 있고, 내 가위의 리듬에는 눈에 보이지 않는 용기가 담겨 있다.

내가 디자인한 거울 속의 고객이 스스로 낯설게 느껴지면서도 만족한 미소를 짓는 그는 비로소 또 다른 삶을 시작할 준비가 되었음을 안다. 가볍게 잘라낸 머리카락처럼 지나간 시간의 묵은 감정도 완전히 털어낸 듯하고, 새롭게 정리된 앞머리처럼 마음도 새 출발에 용기를 갖는 모습을 보면서 '헤어스타일을 바꾸면 삶까지 바뀌게 된다'라는 생각으로 더욱 자부심을 갖는다.

'단골'은 기술이 아니라 '기억'이 만든다

　헤어디자인은 항상 어떤 '감동'을 품고 있어야 한다. 이는 단순히 디자이너가 고객의 머리 스타일만 완성하는 기술자가 아니기 때문이다. 헤어를 디자인한다는 것은 고객도 디자이너도 머리 스타일 하나를 놓고 서로 공감하는 예술품을 만드는 과정과도 같다.

　디자이너의 정교한 손놀림, 감각적인 스타일링, 그리고 고객의 얼굴형과 분위기를 단숨에 파악해내는 센스에 이르기까지, 헤어디자인은 그 모든 시술 능력이 동시에 어우러지면서 고객이 만족하는 어떤 스타일 변화의 선물을 만들어내는 예술 행위나 다름없다.

하지만 디자이너가 아무리 뛰어난 기술을 가졌다고 하더라도 손끝으로만 단골을 만들어내기는 어렵다. 진짜 단골은 기술을 펼치는 디자이너의 손끝에서만 나오는 게 아니다. 고객과 디자이너가 서로 소통하고 교감하는 마음에서부터 시작된다. 디자이너의 기술적인 완성도와 고객의 만족도 사이에 좋은 교감이 이루어질 때 비로소 디자이너를 신뢰하는 '단골'이 만들어지게 된다.

디자이너가 먼저 고객의 이름과 직업 등 고객의 주요 신상정보를 기억하는 게 중요하다. 그리고 고객과 처음 나누었던 이야기를 떠올려주는 그런 작은 배려가 고객의 마음을 움직인다. 사람은 누구나 기억되고 있다는 느낌에서 위로를 얻는다. 내 작은 존재가 누군가에게 특별하다는 감정은 기술보다 더 깊은 신뢰를 만든다.

나는 고객이 어떤 스타일을 원하는지 묻지 않는다. 우선 찾아온 고객의 기분과 표정, 말투와 눈빛을 읽으려고 노력한다. 그리고 그 사람에게 적절한 인사를 건넨다. "요즘 어떻게 지내세요?" 이 짧은 질문으로 고객에게 나의 따뜻한 관심을 전한다.

그리고 첫 만남에서 나눈 이야기는 늘 소중한 상호 교감의 주요 포인트가 된다. 그날 처음 만난 고객이 어떤 고민을 이야기했는지, 머리 스타일에서 어떤 변화를 바랐는지, 어떤 색깔을 좋아하고 어떤 취미를 가졌는지 등등. 나는 고객이 남긴 의미 있는 말을 나만의 고객 데이터베이스에 저장해둔다.

그리고 다음에 다시 만나면 필요한 이야기만 골라 조심스럽게 "그때 말씀하신 이직 준비는 잘 해결되셨어요?"라고 따듯한 관심과 애정을 가지고 물어본다. 고객은 그 순간 다소 놀라는 눈빛을 보낸다. "그걸 기억하세요?" 그 한마디에 고객과 디자이너 사이에 형성된 마음의 벽이 허물어지고 신뢰가 깃들게 된다.

이렇게 디자이너가 먼저 고객에게 친근한 대화를 건네 마음의 문을 열어야 한다. 디자이너의 기술은 고객을 찾아오게 하고, 따뜻한 기억으로 형성된 신뢰는 그 사람을 단골로 만든다. 머리는 다시 자라지만, 마음은 한번 다듬어지면 오래간다. 그래서 나는 오늘도 고객과 나눈 이야기를 조용히 정리한다.

무엇보다 '단골'이라는 말에는 따뜻한 인간성과 지속성이 담겨 있다. 이는 디자이너의 손길과 교감이 리듬으로 자란다는 믿음에서 시작된다. 좋은 디자이너는 커트 기술뿐 아니라, 고객의 기분이나 분위기 등 세심한 배려로 그의 마음도 다듬어야 한다. 사람을 기억하는 일은 마음을 쓰지 않고는 어렵다.

그래서 헤어디자인의 '단골'은 결국 기술과 함께 '기억'이 만드는 것이다. 그 기억 속에서 우리는 서로를 조금씩 알아가면서 따뜻한 인연이 머리카락처럼 자라 마음으로 이어져 자라게 된다.

내가 하루에 시술하는 고객은 평균 20명가량이다. 이들 중 단골은 열에 아홉이 넘는다.

나는 많은 단골을 확보하고 있다. 또 내 일에는 항상 고객과의 이야기가 담겨 있다. 그래서 나는 마음의 여유를 가질 수 있어 언제나 일이 즐겁다. 새로운 고객은 그만큼 신경을 곤두세워야 할 일이 많고 부자연스럽다.

나는 고객이 남기고 간 소중한 이야기를 잊지 않고 차곡차곡 마음에 담아둔다. 그리고 필요할 때 꺼내쓴다. 이것이 내가 단골을 만드는 비결 중 하나다. 기술은 눈으로 보이고 손에 와 닿는다. 하지만 마음으로 느끼는 기억은 서로에게 오래 남는다.

기억에 남는 에피소드가 하나 있다. 2년 가까이 한결같이 나를 찾아온 단골이 있었다. 그는 듣지도 말하지도 못하는 장애인이었다. 그런데 갑자기 1년 가까이 찾아오지 않았다. 궁금했지만 연락을 취할 수 없었다.

그러던 어느 날 그 고객이 불쑥 나타났다. 서로 소통이 어려우니 저간의 사정을 그냥 표정으로 짐작할 수밖에 없었다. 그날 커트를 마치고 샴푸를 하러 간 사이에 나는 때를 놓치지 않고 '감사하다'라는 수화를 유튜브에서 찾았다. 그러고선 고객이 나갈 때 수화로 인사를 했다. 그 순간 고객의 눈시울이 붉어지는 것을 보앉다.

　그는 내가 표현한 감사의 수화를 너무도 고마워하는 표정이었다. 순간에 발휘한 기지는 어떻게 보면 작고 하찮은 것일 수 있다. 하지만 내 진심과 정성이 담긴 작은 배려 하나가 감동을 낳았고, 지금 그는 나의 소중한 단골이 되었다.

처음 가위를 잡던 날의 마음을 잊지 마라

흔히 초심을 잃지 않고 산다는 게 매우 중요하다고 말한다. 하지만 그것을 지키는 일은 쉽지 않다는 것을 알고 있다. 그런데도 "초심을 잃지 말라"는 말을 들으면 자칫 진부하게 들릴 때가 있다. 하지만 모든 시작에는 떨림이 있다는 것을 기억하라.

헤어디자이너로 성공하기 위해서는 가위를 처음 손에 쥐던 그날을 또렷이 기억하고 있어야 한다. 차가운 금속이 내 손바닥에 닿던 그 순간, 나는 그 도구가 단순한 '도구'가 아니라, 나와 고객을 잇는 첫 다리였다는 걸 직감했던 기억이 선명하다.

내 손안의 가위는 새것처럼 빛나지만, 내 마음은 항상 매우 조심스럽다. 먼저 무엇을 자를 수 있을까보다는 무엇을 망치지 않을까를 더 고민하던 날이었다. 또 얼마나 자르고, 어떻게 하면 고객의 하루를 행복하게 해줄 수 있을까. 그러한 불안이 가위보다 앞서 내 손끝을 타고 흘렀다.

그래서 나는 아주 천천히 그리고 조심스러우면서도 신중하게 가위를 움직여나간다. 한 올, 한 올 숨을 숙이면서 자른다. 마치 보이지 않는 사람의 마음을 만지고 자르듯이 온 신경을 집중하게 된다. 누군가의 변화를 책임진다는 무게, 그 무게를 견디기엔 내 손은 너무 작고 미숙했다.

그날 첫 고객 앞에서 섰을 때, 심장은 분명히 내 가슴 안에 있었다. 하지만 그날은 마치 손끝에도, 눈빛에도, 심지어 침묵 속에서도 내 심장이 두근거리고 있는 것을 느꼈다. "어떻게 해드릴까요?"라는 말은 그저 헤어디자인의 일상적인 절차가 아니었다.

그건 내가 누군가의 하루에 들어서는 첫인사였고, 그 사람의 자신감을 책임지는 약속 같은 것이었다. 어쩌면 내 일생의 직업에서 가장 오래도록 뚜렷하게 각인된 소중한 시간일지도 모른다.

특히 첫 고객의 머리를 감기면서 내 손은 떨고 있었다. 물 온도를 재면서 물을 적시는 내 손이 그렇게 낯설 줄은 미처 몰랐다. 고객의 두피와 모발, 그 섬세한 부분을 어루만지는 일은 단순한 기술이 아니라 상호 신뢰의 시작이라는 걸 처음 느꼈다.

나는 비누 거품 속에서 고객과의 신뢰를 처음 인식했다. 그리고 그 손끝으로 조용히 "나는 이 일을 쉽게 하지 않겠다. 그리고 그 누구에게도 이 두 손을 허투루 놀리지 않겠다", "내 기술이 늘어도 초심만큼은 절대로 무뎌지지 않겠다"라고 다짐했다.

하지만 시간이 지나면서 기술은 발전하고, 속도가 붙고, 칭찬도 늘게 마련이다. 그러나 문득문득 손이 너무 익숙해지는 걸 느낄 때가 있다. 머리를 자르면서 집중하는 대신 종종 딴생각에 잠기게 된다. 또 가위를 쥐고 마음보다 손이 먼저 움직일 때, 그 첫날의 마음을 떠올리려고 애쓴다.

나는 첫날 그 떨림의 '겸손'과 나중에 나타나는 익숙함의 '교만'은 종이 한 장 차이라는 걸 안다. 기술이 늘어갈수록 초심은 점점 작아지고, 얇아지다가 결국 사라질 수 있다. 다만 내가 초심을 잃지 않으려고 노력할 때, 비로소 고객의 마음을 얻을 수 있었다.

무엇보다 내가 왜 이 길을 선택했는지, 그 첫날의 두근거림이 왜 그토록 소중했는지를 생각하면서 나는 다시 기도하듯 가위를 잡는다. 그리고 고객의 머리를 만질 때마다 이런 자세와 태도로 산다면 디자이너로서 더 나은 길을 걸어갈 수 있다고 확신한다.

나는 종종 혼잣말처럼 되뇐다. "지금도 나는 배우고 공부하는 중이다. 그리고 나는 절대로 익숙함으로 인해 그날의 초심을 덮어

버리지 않겠다." 나는 언제나 처음처럼 그렇게 오늘도 새로운 마음으로 조심스럽게 가위를 든다.

　가위라는 도구는 나에게 망망대해를 항해하는 방향키와 같다. 그리고 나의 유일한 동반자다. 어딘가에 도착하는 데는 시간이 걸릴 수 있다. 하지만 그 시작은 바로 그날 그 한순간에 달려있다. 나는 단 한 번의 선택이 인생을 좌우한다는 것을 믿는다. 그래서 처음 가위를 잡던 날의 마음을 잊지 않으려고 노력한다.

먼저 디자이너가 행복해야 한다

아침 햇살이 창문 사이로 살며시 스며드는 시간, 나는 하루를 시작한다. 피곤함에 젖은 얼굴이 아닌, 즐거운 마음으로 눈망울이 반짝이는 거울 속 나를 바라보면서 살짝 행복한 미소를 지어 보인다. 거울 앞에서 나는 날마다 같은 행동을 반복하면서 말한다.

"오늘도 즐거운 하루가 될 거야!"

그 작은 인사 하나가 내게 주는 밝고 행복한 에너지는 생각보다 크다. 왜냐하면 나는 헤어디자인을 좋아하고, 내가 만날 고객을 사랑하기 때문이다. 내가 어린 나이에 기꺼이 선택한 헤어디자이너라는 직업은 단순히 생계를 위해 선택한 수단이 아니다. 헤어디자인은 내 삶의 목표이고, 가위는 내 인생의 가장 소중한 동반자다.

이 직업을 선택한 이유는 분명하다. 어릴 적부터 머리에 관심이 많았고, 무엇보다 머리를 손질하는 모든 과정이 매우 즐겁고 재미있다. 머리 스타일로 고객을 아름답게 변화시켜 만족을 안겨주는 일은 하면 할수록 진짜 신기할 정도로 재미있고 행복하다.

실제로 나는 날마다 잠자리에서 일어나 출근을 준비하는 과정이 즐겁다. 오늘도 내 손끝을 통해 자신감을 안고 기쁨으로 세상 속으로 당당하게 나아갈 고객을 생각하면 출근길 발걸음이 마치 어린아이처럼 생기발랄하다. 지금 내 즐거움과 행복함이 오늘 만날 고객에게 전해지는 것을 느낀다.

사람들은 흔히 말한다. "고객을 만족시키는 게 우선이다." 틀린 말은 아니다. 하지만 나는 이 말에 한 가지를 더 보태고 싶다. "디자이너가 행복해야 고객도 만족시킬 수 있다." 고객이 원하는 스타일을 만들어줘도 디자이너가 기뻐하는 모습을 보이지 못하면 고객의 만족은 잠깐뿐이다. 헤어는 고객과 디자이너가 함께 만드는 작품이기 때문이다.

머리를 손질하는 디자이너가 지쳐있고, 웃음이 진실해 보이지 않으면 비록 완벽한 기술로 헤어 시술을 완성해도 어딘가 허전한 분위기가 감돌게 된다. 그리고 돌아가는 고객의 발걸음도 가볍지 않다. 그래서 예민한 고객은 다른 헤어숍을 고려할 수도 있다.

머리카락은 감정과 삶의 이야기를 담아내는 표현의 도구다. 머리카락을 '감정의 캔버스'라고 말하는 이유다. 고객의 기분, 내 기분, 그리고 그날의 분위기까지도 머리카락 위에 남는다. 그래서 나는 언제나 기쁜 마음으로 하루를 시작하려고 노력한다. 무엇보다 출근길에 가슴이 설레는 이유도, 고객 한 사람 한 사람과 나눌 이야기가 기다려지기 때문이다.

나는 그날그날 만나는 고객이 털어놓는 속마음, 변화하고 싶다는 욕망, 새로운 시작을 향한 용기, 그 모든 순간을 동시에 교감한다. 내가 행복하면, 내 손끝에서 피어나는 감정도 따뜻함으로 변화한다. 말 한마디, 손길 하나, 눈빛 하나에도 그런 감정이 배어 있으며, 나는 고객과 함께 오롯이 그런 감정을 느낀다.

특히 준오헤어숍이라는 공간은 단순히 머리를 자르고, 염색하고, 펌하고, 드라이하는 그런 무대가 아니다. 고객과 디자이너가 서로 감정을 나누고 힐링하는 시간으로 받아들인다. 그래서 나는 항상 즐겁고, 진심으로 고객과 소통하면서 재미있게 일하고 있다.

하루를 마치고 퇴근할 때도 거울 속 나를 다시 본다. 아침과 또 다른 미소가 나를 마주하고 있다. 이 시간엔 조금 피곤함이 묻어 있지만, 그 속에 숨겨진 깊은 만족감이 나를 채운다. 나는 오늘도 나의 행복을 고객에게 전한다. "또 올게요!" 그 한마디에 내 선택이 옳았음을 다시금 확인한다.

인간의 감정은 전염성이 강하다. 밝은 미소나 행복감도, 그리고 불행이나 슬픈 감정도 타인에게 쉽게 전달된다. 그래서 디자이너인 내가 행복하고 만족스러울 때, 그 기분은 자연스럽게 고객에게로 이어진다.

디자이너가 웃고 있어야 고객도 안심할 수 있고, 디자이너가 따뜻해야 고객도 마음을 열 수 있다. 결국 헤어디자인은 사람이 하는 작업이며, 사람으로부터 시작된다. 그리고 고객과 디자이너가 교감하면서 이뤄지는 상호작업이다. 그래서 준오헤어가 '고객 만족'을 그토록 중시하는 것이다.

"헤어디자이너가 행복해야 고객이 진정으로 만족할 수 있다"는 말은 단순한 루틴이 아니라, 우리 헤어디자이너 모두의 '이상理想'이어야 한다. 그것은 우리가 매일매일 실천하며 살아가는 준오헤어의 경영철학이자, 내 개인적인 삶의 방식이기도 하다.

누구보다 헤어디자인을 사랑하는 나는 그런 삶의 철학을 실천하면서 오늘도 사람을 아름답게, 멋지게, 예쁘게 만들어 자존감을 세워준다는 자부심으로 일을 시작하고 일을 마친다. 그리고 이 아름다운 환경에서 부족하지만 내가 먼저 행복해지려고 날마다 노력하면서 살고 있다.

'손'을 의심할 줄 아는 디자이너가 진짜다

나는 거울 앞에 선 고객의 뒷모습을 바라볼 때마다 자주 내 손을 본다. 방금 다듬은 고객의 머리카락 한 올 한 올이 정말 이 사람을 위한 것인지, 내 손끝의 오늘이 어제보다 나아졌는지를 살피려는 것이다.

헤어디자이너가 항상 경계해야 할 점은 익숙함의 함정에 빠져 '이 정도면 됐어'라고 말하면서 스스로 자만해서는 안 된다는 것이다. 고객의 머리를 만지고 다듬을 때마다 겸손함에 대한 긴장의 끈을 놓지 말아야 한다.

헤어디자이너라는 직업은 종종 '감각'과 '예술'이라는 말로 표현된다. 무엇보다 헤어숍이라는 무대는 화려한 조명과 환경, 트렌드를 이끄는 커트와 완전한 변신을 완성하는 컬러와 펌 등이 동반되기 때문이다.

하지만 진짜 헤어디자인은 조용한 자기성찰에서 시작된다. 그런 자기반성은 화장실 거울 앞이나 늦은 밤 가위집을 정리하다가 문득 들여다보는 내 손과의 대화 속에서 시작할 수도 있다. 헤어디자이너는 매일 손을 믿고 살아가는 사람이다. 그래서 손을 향해 이런 질문을 자주 던져야 한다.

"오늘 일어난 모든 헤어 시술에 정말 최선을 다했는가?"
"나는 오늘 고객의 말을 충분히 듣고 이해하고 작업을 했는가?"
"고객의 마음을 헤아리는 데 내 손놀림이 익숙함에 가려지지는 않았는가?"

이런 질문 앞에서 의심하고 흔들릴 줄 아는 디자이너만이 진짜 헤어 예술의 장인이 될 수 있다. 비단 헤어 세계만이 아니다. 누구든지 자기를 성찰하는 건 매우 중요하다. 무엇보다 성찰하는 모습이야말로 자기를 견인하는 가장 좋은 수단이기 때문이다.

물론 자기반성 없이도 헤어 기술은 시간이 쌓이면 늘고, 경력은 자동으로 따라오게 된다. 동시에 칭찬도, 단골도, 인스타그램 팔로워도 늘어갈 수 있다. 하지만 그런 것이 내가 잘하고 있다는 것으로 착각하게 할 때, 능력이 퇴보하면서 일류가 아닌 이류, 삼류가 된다. 이는 분명한 현실이다.

진짜 실력은 이런 외적인 숫자에 '자신감'을 두지 않는다. 진짜 디자이너는 항상 자신의 손과 디자이너로서의 태도를 의심할 줄 아는 겸손함에서 시작된다는 것을 스스로 잘 알고 행동하는 사람이다.

물론 능력 있는 디자이너가 자기 손을 의심하는 일은 두렵기도 하다. 또 불안하고 스스로 자신을 깎아내리는 것처럼 불쾌하게 느껴지기도 한다. 하지만 진정한 장인 정신을 가진 사람은 그런 불편함을 두려워하지 않는다.

왜냐하면 자기를 돌아보는 그 의심이야말로 자신을 다시 배우게 하고, 겸손하게 하고, 일으켜 세워주면서 궁극적으로 고객의 입장에서 되돌아보게 함으로써 자기발전을 이끌어가게 된다. 이는 곧 고객의 신뢰를 부르는 원천이 된다.

그리고 헤어디자인에 대한 자기성찰을 통해 비로소 디자인 기술이 자신도 모르는 사이에 날카로워지고 발전하면서, 오히려 마음은 부드러운 사람이 된다. 그리고 손은 빠르면서도 판단은 신중하고 정확한 헤어디자이너로 인정받게 된다.

가위를 든 디자이너는 창의성과 감각을 표현하는 예술가이면서 동시에 고객의 하루를 책임져야 하는 서비스 노동자라는 무거운 책임감을 느껴야 한다. 그리고 이 무거운 짐을 덜기 위해서는 스스로 자신의 손을 의심할 줄 아는 마음, 자신을 돌아볼 줄 아는 성찰적 용기가 필요하다.

나는 오늘도 준오헤어에서 그런 무거운 짐을 스스로 감당하기 위해 칭찬을 듣고 기술이 더 좋아졌다는 호평을 받는 날에는 오히려 "지금 내 손은 진짜인가? 나는 아직도 첫사랑 같은 떨림의 초심과 겸손을 기억하고 있는가?"라고 질문한다.

이런 물음이 나를 겸손하게 하고, 그 겸손이 바로 나를 진짜 헤어디자이너로 거듭나게 한다는 것을 믿고 있다. 동시에 이와 같은 태도가 나를 지키고 발전시키는 좋은 방법이라고 생각한다.

매일 가위를 들 수 있다는 것은 축복이다

이른 새벽, 여명의 햇살이 완전히 피어나지 못한 조용한 시간. 도구함을 열고 가장 먼저 가위를 꺼내본다. 이 작은 도구 하나로 오늘도 누군가의 하루가 달라지고, 마음이 행복해진다는 걸 알고 있다.

매일 보는 익숙한 물건이지만, 가위의 차가운 금속성 감촉이 손바닥에 스며들면 묘한 감정과 함께 그 순간 심장은 다르게 뛴다. 오늘 예약 고객의 모습이 눈앞을 스친다. 그저 머리카락을 자르는 도구라고만 하기엔 이 작은 쇳붙이가 품고 있는 의미는 너무도 크다.

어떤 사람은 직업이 일상이 되면 감흥이 사라진다고 말한다.

하지만 나는 아직도 이 일을 시작할 때의 떨림을 기억한다. 첫 고객의 머리카락을 자를 때의 조심스러움, 눈빛 하나에 담긴 기대와 신뢰를 느끼며 손끝에 집중하던 그 순간을. 그리고 지금도 나는 그 감정을 매일 느낀다. 가위를 들 수 있다는 것은 내게 여전히 기적 같은 일이 아닐 수 없다.

머리카락은 생각보다 많은 이야기를 품고 있다. 긴 머리를 자르며 과거를 정리하고, 앞머리를 내리며 새로운 자신을 기대한다. 나는 언제나 그 변화의 순간에 함께 서 있다. 한 사람의 일상에, 계절에, 마음에 조용히 스며드는 존재. 그렇게 하루하루가 특별한 게 헤어디자이너로서의 내 삶이다.

어쩌면 나는 보이지 않는 마음을 손끝으로 펼치는 가위의 향연에 함께 춤을 추고 있는지도 모른다. 그래서 가위를 들 수 있는 건강한 몸, 내 손을 믿어주는 고객들, 끊임없이 배울 수 있는 오늘이라는 시간, 이 모든 것이 내게는 참으로 감사한 일이다.

그래서 나는 안다. 피곤한 날이 있어도, 손에 힘이 빠질 정도로 지쳐있어도 가위를 들 수 있는 하루가 다시 찾아온다면 그건 분명히 내게 축복이다. 나는 가위를 들면 먼저 고객의 마음이 보인다.

내가 좋아하는 일을 하는 건 진짜 행복이다

　살면서 때로는 '왜 이 길을 선택했을까'라는 질문이 고개를 들 때가 있다. 지치고 반복되는 일상에 무뎌질 때면 문득 그런 생각이 스친다. 하지만 나 자신을 들여다보면 금세 깨닫는다. 그 사실만으로도 내 삶은 이미 큰 축복을 품고 있다는 것이다.

　좋아하는 일을 한다는 건 단순히 재미있다는 것 이상이다. 의미를 찾는 일이고, 누군가에게는 그저 스쳐 지나갈 수 있는 순간에 나는 열정을 담을 수 있다는 뜻이다. 물론 좋아하는 일을 하면서 넘어질 때도 있다. 하지만 나는 넘어지면서도 행복을 느낀다.

　매일 아침 일터로 향하는 내 발걸음에는 '해야만 해서'가 아니라 '하고 싶어서', '재미있어서'라는 마음이 담겨 있다. 그것은 정말 큰 행복이다. 그래서 나는 내 가위질을 기다려주며 하루하루 기쁨으로 살아가게 하는 고객에게 감사한다.

　비록 좋아하는 일이라고 해도 일을 하다 보면 힘든 순간도 있다. 결코 쉬운 일만은 아니다. 하지만 그 고됨조차 견딜 수 있는 이유는 그 일 안에 내가 담겨 있고, 살아 있음을 느끼기 때문이다.

　시간이 흐를수록 더 깊어지고 더 나은 내가 되도록 이끌어주는 그 일은 단순한 생계 수단이 아니라 내 삶의 일부, 내 소중한 꿈의 한 조각이다. 무엇보다 내 인생의 시간을 가장 나다운 일에 사용하고 있다는 자부심이다.

나는 좋아하는 일을 할 때의 내 표정을 안다. 몰입할 때 집중하는 눈빛, 작은 성취에 웃음 짓는 순간, 그리고 고객과 진심이 오갈 때 느끼는 뿌듯함 등은 억지로 만들어낼 수 없는 진짜 내 모습이다.

나는 참으로 운이 좋다. 세상에서 하고 싶은 일을 하지 못하고 하루하루를 버티는 이들도 많다. 그러한 일상의 안타까움을 알기에 내가 재미있어하는 일을 하고 있다는 사실 하나만으로도 항상 감사하게 된다.

내가 좋아하는 일을 한다는 것 자체가 큰 행복이고 축복이다. 그 일이 나를 살게 하고, 나를 웃게 하고, 나를 성장하게 하기 때문이다. 비가 오는 날에도, 계절이 지나가는 날에도, 손끝이 저린 날에도 나는 가위를 들며 마음속으로 기도한다.

"오늘도 기쁨으로 가위를 들 수 있게 해주심을 감사합니다."

가위를 닦는 시간, 나를 닦는 시간

하루가 끝나고 매장의 전등을 끄는 순간, 세상과 단절된 고요가 찾아온다. 사람들의 분주한 발소리는 점점 멀어지고, 드라이기의 윙윙거림도, 창밖에서 들리던 연인들의 웃음소리도 사라진다. 모두가 사라진 텅 빈 공간에 나와 내 가위만 남는다. 이 시간은 가위와 진실한 대화를 나누는 시간이다.

가위는 정직하다. 아무것도 숨기지 않는다. 오늘 얼마나 섬세했는지, 어디서 어긋났는지, 손끝이 얼마나 흔들렸는지를 고스란히 기억하고 있다. 고객이 말하지 않아도 거울 속에서 미소를 지었는지, 눈을 피했는지 가위는 이미 알고 있다. 그리고 내게 그것을 알게 한다.

나는 오늘도 내 손끝을 닦는다. 실수를 닦고, 무심했던 말투를, 조급했던 행위를 되짚으며 모두 닦아낸다. 혹시 누군가의 마음을 너무 거칠게 자른 것은 아닌지, 나도 모르게 마음의 결을 거슬렀던 건 아닌지, 가위를 닦는 그 반복적인 움직임 안에서 시계태엽처럼 오늘도 나를 되감는다.

가위는 하루 동안 수많은 머릿결을 스친다. 그것은 단순한 모발이 아니라, 한 사람 한 사람의 이야기를 담고 있다. 어떤 이는 새로운 시작을 위해 찾아오고, 어떤 이는 눈물의 끝자락에서 짧은 단발로 이별의 아픔을 잘라낸다. 나는 그런 순간을 자르고 다듬고 이어 붙인다. 가위는 그 모든 감정의 무게를 고요히 견디고 있다.

그래서 나는 가위를 소중히 다루고, 깨끗이 닦는다. 그날의 감정과 의미를 정리하듯 가위를 닦는다는 건 단지 쇠붙이의 날을 관리하는 일이 아니다. 그것은 내 마음을 정돈하고, 나의 디자인 기술과 태도를 되돌아보는 그 어느 때보다 엄숙한 시간이다.

무심하게 흘려보낸 대화 하나, 너무 짧게 잘라버린 앞머리, 또는 그저 흘러가는 눈빛 하나까지. 그 모든 걸 다시 떠올리며, 조용히 가위를 닦는다. 이 시간은 단순한 정리의 순간이 아니다. 오늘 하루를 되돌아보는 작은 의식이고, 나 자신과 마주 앉는 고요한 시간이다. 나는 묻는다. 오늘 나는 어떤 마음으로 일했는가. 손끝에 깃든 정성은 충분했는가.

조용한 매장에서 천천히 돌아가는 내 손의 리듬은 묵상에 가깝다. 말이 필요 없는 힐링의 순간이며, 가위의 날이 다시 반짝이듯 내 마음도 서서히 맑아진다. 그래서 가위를 닦는 일은 내일 또다시 더 좋은 손길이 되기를, 더 차분한 행동, 더 따뜻한 말 한마디 건넬 수 있기를 염원하는 소리 없는 기도다.

가위를 닦는 이 시간은 나를 단련하는 시간이다. 가위처럼 정직해지고 싶어서, 거짓 없이 고객 앞에 서고 싶다는 간절함으로 매일 밤 조용히 내 손끝으로 가위를 닦으면서 내 마음도 닦는다. 누가 보지 않아도 가위는 알고 있다. 그리고 나는 내가 어떤 사람인지 가위에게 묻고 싶기 때문이다.

우리는 종종 거창한 시간 속에서 자기성찰을 찾으려 한다. 여행을 가거나, 명상을 하거나, 누군가에게 조언을 구하면서 성찰의 시간을 가지려 한다. 그러나 진정한 자기성찰은 가장 평범한 일상에 숨어있다. 조용한 밤, 익숙한 동작, 반복되는 습관, 그 속에서 우리는 비로소 자신을 닦아내는 성찰을 할 수 있다.

잘 닦인 가위는 언제나 말없이 빛난다. 하지만 그 빛은 단지 금속의 반짝임이 아니다. 그것은 나의 하루가 고스란히 스며든 결과다. 무심코 지나칠 수 있는 이 사소한 순간에 나는 삶의 진실과 맞닿는다.

　가위를 닦는 시간은 불결한 나를 닦고, 헐거워진 내 마음을 조이는 시간이다. 매일 이런 고백이 쌓여 나를 더욱 단단한 디자이너로 만들어간다. 이 조용한 의식이 계속되는 한, 나는 더 나은 사람, 더 성숙한 헤어디자이너로 거듭나고 있다는 것을 믿는다. 그렇게 나는 매일 밤 가위를 닦으면서 함께 성장하고 있다.

내가 좋아하는 길을 선택하는 것의 의미

인생의 가장 중요한 선택이 때로는 가장 조용한 내면의 속삭임에서 비롯된다. 세상은 우리에게 수많은 기준과 잣대를 들이민다. 부모님의 기대, 사회의 기준, 주변의 시선, 안정된 직업이라는 틀 속에서 우리는 쉽게 '내가 가고 싶은 길'이라는 내면의 목소리에 귀를 기울이기가 어렵다.

하지만 진짜 나를 위한 길은 그 모든 틀에서 벗어난 곳에서 시작된다. 내가 좋아하고 재미있어하는 길을 선택한다는 건 단지 진로의 문제가 아니라, '내가 어떤 삶을 살아가고 싶은지'에 대한 깊고 진지한 자기고백이자 선언이라고 생각한다.

나는 헤어디자이너다. 날마다 가위를 들고 고객의 머리카락을 자르고 다듬는 일을 한다. 누군가는 단순한 기술이라고 말하고, 또 어떤 이는 그게 남자가 할 일이냐며 비아냥거린다. 하지만 내게 이 일은 예술이고, 철학이며, 무엇보다 내 존재가 가장 빛나는 삶의 방식이다.

지금 이 일을 하면서 살아가는 나는 매일매일 행복하다. 이 길을 선택한 것이 결국 나를 가장 나답게 만들었다고 생각한다. 이 길을 걸어온 지 10여 년이 지나면서 그동안 좌절과 실패의 고비를 수없이 넘겼다. 하지만 단 한 번도 가위를 쥔 것을 후회해본 적은 없다.

사실 나는 아주 어릴 때부터 선택이라는 갈림길에서 수없이 주저하며 살아왔다. 어머니는 바쁜 일상에 둘러싸여 지내면서도 언제나 내 문제에 대해서는 조용한 사랑과 믿음으로 누구보다 깊이 나를 살피고 관찰했다.

누구보다 나를 잘 아시는 어머니는 내가 어떤 환경에서 잘 적응하는지, 어떤 상황에서 위축되는지를 무심한 듯하지만 세심하게 지켜봐주셨다. 어머니는 내가 공부보다는 사람과의 관계에 더 흥미를 가지며, 또 손으로 만드는 일에 집중력과 창의력을 보인다는 것을 일찍부터 알고 계셨다.

우리 사회의 대부분 부모가 학업 성적에 목을 매고 있을 때,

어머니는 내가 다른 길을 바라보는 것을 허락해주셨다. 이는 단순한 허락이 아니라, '내가 하고 싶고, 재미있어하고, 나다운 길'로 가도록 인도해주었다고 생각한다. 늘 "선택은 네가 하되, 무엇보다 네가 재미있어해야 한다"는 조언이 머릿속을 맴돌았다.

결국 어머니의 관찰과 조언대로 내 선택은 헤어디자인이었다. 세련되고 예민한 감각, 분위기, 표정 하나하나에 반응하며 손끝으로 감정을 전달하는 이 세계는 마치 나를 기다리고 있었던 것처럼 익숙하고 벅찼다. 그래서 나는 스스로 선택한 이 길을 사랑한다.

이 길이 생각만큼 순탄하지는 않았다. 체력적으로도 정신적으로도 지칠 때가 있었다. 하지만 이상하게도 나는 그 힘듦마저 사랑하게 되었다. 그 안에는 분명히 내가 좋아하는 일이 있었기 때문이다. 고객의 눈빛이 바뀌고, 입가에 미소가 번지는 모습에서 짧은 감탄과 함께 내가 살아있음을 느꼈다.

그리고 놀랍게도 그 선택은 나를 성공이라는 이름의 자리로 이끌었다. 단지 직업적으로 성공했다는 뜻은 아니다. 내가 나로서 존재할 수 있는 아늑한 공간을 얻었고, 나의 감성과 손끝이 누군가에게 기쁨을 줄 수 있다는 것이 나를 행복하게 한다는 의미다.

게다가 매일 새로운 고객을 만나며, 날마다 새로운 헤어스타일로 고객에게 용기를 주어 세상 속으로 당당하게 걸어나가게 한다는 사실이 때론 신비롭게 여겨질 때가 있다. 어떻게 이 작은 도구, 가위의 기술로 사람을 세워주는 일을 할 수 있단 말인가. 나 스스로에게도 놀라는 일이 적지 않다. 나는 날마다 가위를 들면서 어머니의 깊은 믿음과 사랑, 그리고 내가 좋아하는 길을 선택한 그날의 결단에 감사한다.

우리 인생은 수많은 갈림길에서 끝없는 선택의 여정이라고 할 수 있다. 오늘 이 길로 들어설지, 저 문을 열어볼지, 어떤 사람의 말을 믿고 어떤 길을 걸어가야 할지, 매일의 삶은 선택의 연속이다. 단 하나의 선택이 우리의 삶을 근본적으로 바꾸어놓는다. 그 선택이 어떤 사람에게는 구원의 길이고, 어떤 이에게는 억압의 사슬이 될 수 있다. 결국 선택을 통해 '나'를 정의하고, 그 선택 위에 우리의 인생이 건축된다.

안타깝게도 많은 사람이 인생의 중요한 선택의 기로에서 타인의 목소리에 자신을 내맡긴다. 부모의 기대, 사회의 시선, 친구의 충고나 조언, 그리고 세상의 기준 등. 이 모든 것이 스스로의 선택을 어렵게 만들고, 때로는 그 선택이 내 것이 아닌 부모님의 대리만족이 되어 나를 불행하게 만드는 경우도 있다.

진정한 선택은 외부의 기대를 만족시키기 위한 결단이 아니다. 그것은 내가 어떤 삶을 살고 싶은가에 대한 깊은 성찰에서 비롯돼야 한다. 흔히 선택이 열정이나 재능이라는 단어로 설명되지만, 사실은 그보다 더 근본적인 것이 있다. '무엇이 나를 살아있게 만드는가?', '내가 나 자신으로 존재할 수 있는 순간은 언제인가?' 이런 질문에 대한 솔직한 대답이 진짜 후회 없는 성공으로 이끄는 선택이라고 할 수 있다.

"단 한 번의 선택이 인생을 좌우한다"라는 말은 결코 과장된 말이 아니다. 그 선택은 삶의 방향을 바꾸고, 내가 만나는 사람을 바꾸며, 내가 느끼는 기쁨과 후회의 질감마저 바꾼다. 무엇보다 나 스스로 선택한 길은 고된 순간에도 나를 버티게 해준다.

최훈민의 '헤어스타일이 무엇이길래?'

거울 앞에 선 어느 날 아침, 나는 문득 고민에 빠진다. 날마다 머리카락은 쉬지 않고 자란다. 그건 누구에게나 공평하다. 하지만 그 머리카락이 '나'를 말하게 되는 순간, 이야기는 달라진다.

나는 지금 일본에 산다. 정확히 1년 반 전에 일 때문에 한국에서 일본으로 건너왔다. 매일 바쁘게 흘러가는 도쿄의 일상에서도 한두 달에 한 번 어김없이 항공권을 예약한다. 목적지는 단 하나. 서울 홍대. 그리고 그곳, 최훈민 디자이너가 일하는 준오헤어다.

어떤 사람은 묻는다. "헤어스타일이 뭐길래, 굳이 비행기를 타고 와?" 나는 말없이 모바일에 담긴 헤어디자인 직후 모습을 보여준다.

내 안의 자신감이 머리칼 끝에 걸려 반짝인다. 그건 그 누구도 대신 설명해줄 수 없는 감정이다. 그저 나의 스타일을 나보다 먼저 알아봐주는 단 한 사람, 최훈민! 디자이너 덕분이다.

그는 가위를 든 순간, 내 기분을 읽는다. 요즘 삶이 지쳤는지, 머리가 무겁게 자랐는지, 스치듯 지나간 말 속에서 내 안의 그림자를 포착한다. 그리고 그 그림자를 지우듯, 손끝의 가위로 나를 정리한다.

나는 그의 손길에 '머리'가 아니라, '나'를 맡긴다. 그의 손끝은 기술을 넘어서고, 그의 감각은 트렌디한 일상을 이긴다. 그는 단지 예쁘게 해주는 헤어디자이너가 아니라, 나를 다시 '나답게' 느끼도록 해주는 사람이다.

이렇게 일본에서, 제주에서, 부산에서, 천안에서… 누군가에게는 '거리'이지만, 우리에게는 아늑하고 행복한 '길'이다. 우리는 스스로를 찾기 위해 최훈민의 의자에 앉는다.

누군가는 말한다. "헤어스타일이 뭐가 그리 대단하다고?"

하지만 생각해보자. 우리가 사랑에 빠졌던 순간을, 면접을 보러 갔던 날을, 사랑을 잃은 상실감에 울면서 헤어숍을 찾았던 그런 날들을….

헤어스타일은 때론 사람을 바꾼다. 내면을 위로하고 치료하며, 자신감을 덧입히며, 새로운 계절처럼 나를 다시 시작하게 만든다. 출근 전 거울 앞에서 머리카락을 만지면서 마음을 다잡는 그 작은 의식 속엔 세상을 살아가는 사람들의 수많은 이야기가 숨겨져 있다.

머리카락은 침묵 속에서 우리를 말해준다. 어떤 사람은 앞머리로 감정을 가리고, 어떤 사람은 과감한 쇼트커트로 새로운 결심을 표현한다. 헤어스타일은 내면의 가장 은밀한 목소리를 세상에 꺼내놓는 방식일지도 모른다.

그래서 우리는 자신이 믿는 디자이너에게 헤어스타일을 맡기러 간다. 믿을 수 있는 사람에게, 내 이야기를 들을 줄 아는 손길을 찾는다. 최훈민 디자이너는 손끝으로 우리 인생의 한 장면을 함께 다듬는다. 웃음을, 눈물을, 행복을, 그리고 새로운 시작을 만들어낸다.

그래서 사람들은 시간과 거리, 비용을 아끼지 않는다. 그 머리 위에 놓이는 건 단순한 스타일이 아니라, '나(I)'라는 존재에 대한 존중이기 때문이다.

헤어스타일이란 결국 우리 자신을 드러내는 가장 섬세한 언어다. 그리고 그 언어를 가장 아름답게 표현해주는 사람이 있다면,

그는 단순한 디자이너가 아닌, 삶의 한순간을 디자인하는 예술가라고 말하는 것이 옳다.

그러니 "헤어스타일이 무엇이길래?"라는 빈정거림에, 이제는 당당하게 이렇게 대답할 수 있다. "그건 내가 나답게 살아가기 위한 가장 정직하고 감각적인 표현이에요."

그런 오묘한 헤어 세계를 새롭게 개척해나가는 준오헤어 브랜드의 무대에 최훈민이라는 디자이너가 담담하게 서 있다.

- 일본 고객이 보내준 편지글에서

PART 4

준오헤어 철학과 디자이너 사명

준오헤어 철학이 나를 만들었다!

오백 년을 내다보는 혜안, '준오'의 비전

대한민국 수도 서울 강남의 현란한 네온사인 불빛 속, 유리 벽 너머로 붉은빛을 머금은 가위가 섬세하게 움직인다. 머리카락이 흘러내릴 때마다 그 자리에 또 다른 인생의 방향이 세워진다. 그리고 그 중심에는 언제나 한 사람이 단단히 서 있다. 바로 준오헤어의 강윤선 대표님이다.

변화무쌍한 '미美'의 세계 속에서도 흔들림 없이 중심을 지켜 온 강윤선 대표님은 단지 헤어디자인의 흐름을 따라가지 않는다. 그는 그 흐름을 선도하는 창조적인 경영 마인드로 오늘도 쉼 없이 새로운 도전을 감행하는 무쇠처럼 강인한 정신력과 솜털처럼 부드럽고 섬세한 마음을 가진 분이다.

1993년 강윤선 대표님은 영국의 비달사순(미용계의 하버드라 불리는 곳)에서 미용을 전공하며, 헤어 세계에 대한 철학적 통찰과 실천적 기술을 두루 체득했다. 그리고 당시만 해도 후진 미용의 불모 같은 한국 땅으로 귀국해 불가능한 것처럼 보이던 일을 담담하게 홀로 시작했다.

단순히 머리를 자르고 스타일링하는 것을 넘어 '헤어디자인' 자체를 하나의 새로운 문화 트렌드 산업으로 일으켜 세우겠다고 벼르던 그 '꿈'을 체계적인 '목표'를 갖고 구체화하기 시작했다. 그것이 준오헤어 창업자 강윤선 대표님의 원대한 목표를 위한 첫 발걸음이었다.

강윤선 대표님이 이끄는 준오헤어는 단순한 미용실이나 헤어디자인 숍이 아니다. '준오'는 시스템경영과 교육경영이라는 새로운 경영방식으로, 헤어 세계의 '이상理想'을 향한 최고의 브랜드이자 학교이며, 철학적 통찰을 담은 공동체로 꾸준히 성장하고 있다.

헤어디자이너 한 사람 한 사람이 장인 정신을 지닌 예술가로, 또 스스로 자기를 가꾸는 엘리트로 살아갈 수 있도록 교육경영 기반을 마련했다. 강윤선 대표님은 입버릇처럼 말한다. "준오는 자존심을 판다 We sell pride." 이는 값싼 타협이나 '일시적 유행fad'이 아닌, 진짜 '가치'를 고객에게 선물하겠다는 야심찬 선언이자 목표다.

강윤선 대표님의 일과 삶을 관통하는 헌신과 열정

언제나 단아한 모습, 눈빛에 담긴 깊은 결의, 그리고 그 속에서 은은히 번지는 어떤 뜨거운 확신은 단순한 헤어숍 운영자가 가진 책임감이 아니다. 오히려 일과 삶을 관통하는 '불광불급不狂不及'의 인생철학, 그 삶 자체에 미친 사람만이 가질 수 있는 열정의 눈빛이다.

"미치지 않으면 미치지 못한다不狂不及."

강윤선 대표님이 스스로에게, 그리고 준오헤어 동료들에게 늘 되뇌는 말이다. 그 말에 담겨 있는 것은 단순한 과장이 아니다. 눈앞의 자기 일에 미쳐본 사람, 실패를 두려워하지 않고 꿈을 향해 온몸으로 부딪쳐본 사람만이 이룰 수 있는 길이 있다는 냉철한 메시지가 담겨 있다.

강윤선 대표님의 삶은 말 그대로 단 한순간도 미지근한 적이 없다. 세상에 없던 길을 개척하고, 항상 새로운 가능성을 좇으며, 때로는 앞이 보이지 않는 어두운 밤에도 손에 가위를 쥔 채 세상을 향해 나아갔다. 그렇게 그는 '열정'이라는 이름의 불씨 하나로 오늘의 준오헤어를 지펴낸 진짜 헤어디자인 장인이자 예술인이다.

특히 그는 헤어디자인을 단순한 '기술'로만 보지 않는다. 그에게 미용은 누군가의 인생을 바꾸는 예술이고, 사람과 사람을 연결하는 정직한 소통이었다. 무엇보다 인간에 대한 깊은 성찰적 이해와 존중에서 비롯된 일이었다. 그래서 준오헤어 강윤선 대표님은 단순히 머리를 자르는 게 아니라, '사람을 세우는 일'을 한다고 강조한다.

한 사람의 외모가 달라지면 자존감이 올라가고, 그 자존감은 다시 그 사람의 인생을 긍정적으로 바꾼다. 그 사소하고도 위대한 변화의 순간에 늘 자신이 함께하고 있다는 사실이 그를 더욱 일에 미치게 만든 것이다. 준오헤어는 그렇게 일에 미쳐서 시작했다.

단 하나의 의자, 하나의 거울, 하나의 빗과 가위로 출발한 작은 공간이 이제는 한국을 넘어 세계로 향하고 있으며, 세계 10대 헤어 브랜드로 성장했다. 무엇보다 '청담동 준오헤어 아카데미'를 통해 수많은 미용 인재가 거쳐가는 대한민국 헤어 메카로 자리 잡았다. 그곳은 이제 전 세계 헤어디자이너가 주목하는 '성장학교'이며 '꿈의 통로'가 되었다.

준오헤어가 세계 무대에 당당히 이름을 올릴 수 있었던 건 결코 우연이 아니다. 고유한 미적 감각과 트렌드를 이끄는 감성, 그리고 고객을 진심으로 대하는 탁월한 기술력. 이 모든 걸 가능케 한 것은 인간 강윤선의 '불광불급'의 철학 덕분이다.

이를 바탕으로 직원 개개인의 성장으로 이어졌고, 그 성장이 브랜드 파워의 원천이 되어 세계 무대에서도 인정받았다. 이제 강윤선 대표님은 단지 미용 브랜드의 대표가 아니라 대한민국 '미용계의 등대' 같은 존재가 되었다.

나는 준오헤어 경영철학의 세례를 받고 성장했다

준오헤어 강윤선 대표님의 경영철학은 세상을 '강자와 약자', '성공과 실패'로 나누지 않는다. 그 대신 '배우는 자와 배우지 않는 자'로 구별한다. 얼마나 겸허하고도 단단한 성찰적 통찰인가. 이는 자기계발과 성장을 멈추지 않는 사람만이 진짜 성공에 도전할 수 있다는 믿음과 확신이 빚어낸 혜안이 아닐 수 없다.

나는 그런 강윤선 대표님의 경영철학의 세례를 받으면서 성장하고 있는 헤어디자이너다. 지금 나는 20대 후반의 젊디젊은 나이에 수억대 연봉에 화려한 조명을 받는 부원장의 자리에 올랐다. 하지만 이 자리는 결코 누구에게나 쉬이 주어지는 건 아니다.

헤어 세계의 자존심 '준오헤어'가 준 이 자리는 내 육신을 갈아 넣고, 뼈를 깎는 연습, 나만의 뜨거운 가위사랑이 빚어낸, 내게는 정말 감당하기 어려운 '영광'의 자리다. 무엇보다 강윤선 대표님이 품고 있는 원대한 비전에는 나와 같은 젊은 디자이너들이 꿈꾸고, 그 꿈을 실현할 수 있도록 끝없이 길을 닦고, 조명을 비추고, 그리고 손을 잡아 이끄는 헌신과 사랑이 녹아 있다.

내게 준오헤어는 단순히 돈을 쫓는 직장이 아니다. 내 인생의 의미를 찾고, 나만의 삶의 철학을 완성해가는 즐겁고 행복한 여정을 꾸준히 지켜나갈 수 있도록 등대를 밝혀주는 곳이 바로 준오헤어이며, 진실로 내 인생을 오롯이 걸고 있는 곳이다.

이 책을 통해 단 한 가지를 전하고 싶다. 강윤선 대표님은 단순히 시대를 앞서가는 리더가 아니라, 시대를 이끄는 선각자다. 그의 혜안은 단지 트렌드를 꿰뚫는 수준 높은 안목에 그치지 않는다. 그는 사람을 향한 깊은 이해, 세상을 더 아름답고 나은 곳으로 바꾸고자 하는 열정과 책임감, 그리고 젊은 세대가 더 큰 꿈을 꾸게 하는 통찰과 비전, 그리고 따뜻한 사랑을 품고 있다.

강윤선 대표님은 언젠가 나에게 이렇게 말했다. "단순히 디자이너라는 것에 머무르지 말고, 너만의 언어로 세상을 디자인하라." 그 한마디가 내 인생을 바꿨다. 나는 단지 머리만 디자인하는 게 아니라 나만의 '헤어디자인 언어'로 고객의 인생을, 자존감을, 그리고 행복을 디자인하고 있다.

이제 준오헤어는 한류와 함께 대한민국을 넘어 세계 무대에서 하나의 문화 브랜드로 거침없이 도약해나가고 있다. 그 중심엔 강윤선 대표님의 경영철학과 깊은 통찰이 빛을 발하고 있다. 지금도 준오헤어의 수많은 젊은 디자이너들이 그 비전의 세례를 받고 속속 성장하고 있다.

강윤선 대표님은 오늘도 배움을 멈추지 않는다. 그리고 우리에게 묻는다. "너희는 지금 배우고 있는가?" 그 질문은 언제나 내 가슴에 살아 있다. 그리고 그 물음이 살아 숨 쉬는 한 나는 이 숭고한 가위질을 절대 멈추지 않을 것이다.

당돌하고 자유로운 영혼을 품어준 준오헤어

어린 시절의 나는 언제나 외로운 구름 한 조각 같았다. 넉넉하지 못한 가정에서 자란다는 사실은 나에게 늘 자유로움에 대한 동경과 동시에 공허함을 안겨주었다. 어머니는 밤낮없이 일하시느라 나를 세세히 돌봐줄 여유조차 없었다. 자연히 학교 공부는 뒷전이었다. 그 대신 나는 동네 게임방을 떠돌면서 화려한 모니터 속 세상의 허무를 꿈꾸며 무한한 자유를 즐겼다.

게임방의 빛나는 점수판, 그리고 손끝에서 흘러나오는 승리의 감각. 그곳에서만큼은 현실의 외로움을 잊을 수 있었다. 내가 만약 어머니 손잡고 주일 교회에 다니지 않았다면 십중팔구 문제아가 되었을 것이다. 교회의 온기는 자유로운 영혼이 어떤 선을 넘지 못하게 하는 묘한 '장치'와 같았다.

세상 속 차가운 냉기와 달리 교회에서만은 언제나 따뜻한 사랑의 온기가 나를 감쌌다. 무엇보다 여느 아버지들보다 더 살갑게 반겨주시고 돌봐주시는 봉평교회 강영하 담임목사님의 따뜻한 배려와 관심은 나를 성경 말씀의 테두리 안에 가두었다. 잠시라도 내 양심이 어떤 선을 넘을라치면 '사자후獅子吼'를 토하시던 목사님의 엄숙한 모습과 사랑의 말씀이 겹쳐지며 문득 뇌리를 스쳤다.

고등학교 때 우연히 시작한 동네 미용실 아르바이트가 내 운명의 복잡한 실타래를 풀어내는 계기가 되었다. "머리카락을 단정하게 정리해주는 손길이 얼마나 아름다울 수 있을까?" 처음으로 디자이너의 가위가 모발을 스치는 순간, 나는 떨리는 가슴으로 그 장면을 지켜보았다.

평범해 보이는 사람의 머리카락 한 올 한 올이 헤어디자이너의 손길로 정리되면서 완전히 다른 모습으로 탄생할 수 있다는 사실이 정말 경이로웠다. 마치 아무도 규정하지 못한 나의 삶처럼 언제나 새로이 재탄생할 수 있다는 엄청난 가능성을 직접 보았기 때문이다.

어머니는 "네가 재미있고 하고 싶은 걸 해봐!"라며 나를 응원해주셨다. 덕분에 나는 미용을 내 운명의 주인공으로 맞이할 수 있었다. 가위질을 통해 누군가의 외모를 가꾸어주고, 변화된 자기

모습에 해맑고 환한 미소가 피어날 때, 이 일이 내 가슴속 불꽃 하나를 켜주었다. 그리고 그 불꽃이 바로 '내 길이다'라고 독백처럼 속삭였다.

경복대학교에서 준오헤어디자인과를 전공하고, 마침내 나는 예정된 운명처럼 논현동 준오헤어 인턴으로 일을 시작했다. 긴장된 마음으로 문을 열고 들어섰을 때, 화려한 영화 세트장을 방불케 하는 거대한 헤어숍 내부는 마치 다른 세계처럼 느껴졌다. 반짝이는 거울과 은은하게 퍼지는 헤어스프레이 향, 분주하게 움직이며 프로페셔널한 손길을 뽐내는 선배 디자이너들. 모두가 나를 설레게 했다.

당돌하게 튀는 한 청춘을 '구원'해준 준오헤어

하지만 동시에 나의 외모가 준오헤어숍의 고급스러움과는 거리가 멀다는 사실을 직감했다. 민소매 티셔츠에 헐렁한 검은 후디드 코트와 통굽 샌들이 나의 트레이드마크였다. 이는 준오헤어숍과는 너무도 불편한 언밸런스였다.

이런 모습으로 과연 이곳에서 인정받을 수 있을까? 프로페셔널한 이미지와는 맞지 않는데…. 여러 번 주저했지만, 그 불편함 때문에 더 이상 나를 숨기거나 속이고 싶지는 않았다. 당당하게 나의 자유로운 영혼을 그대로 드러내 보이기로 마음먹었다.

처음에 몇몇 동료는 야릇한 시선을 보냈다. "옷을 왜 그렇게 입고 다녀?" 동료들의 냉기 어린 말이 내 귀를 때렸다. 하지만 나는 고개를 들고 이렇게 말했다. "나는 이 복장이 편하고, 또 이것이 나를 표현하는 방식이에요. 제 실력으로 보여드리면 되잖아요." 그리고 그 말대로 나는 거울 앞에서 최선을 다해 일하기 시작했다.

이렇게 '당돌한 괴물'에 대한 소문이 파다했다. 하루는 강윤선 대표님이 다가와 미소 지으며 물었다. "왜 그렇게 당당하게 보여주고 싶었니?" 나는 솔직하게 말했다. "어릴 때부터 누구도 내게 이렇게 해라, 저렇게 하라고 강요하지 않았어요. 나는 자유로운 영혼이에요. 이 모습 그대로의 제가 이 일이 주는 즐거움을 받아들이고 싶었을 뿐이에요."

대표님은 눈을 반짝이며 나를 바라보더니, 잠시 말없이 미소만 지으셨다. 그 미소는 따뜻했다. 그리고 동료들에게 "우리 이 친구의 능력을 먼저 보자. 옷차림이나 신발 같은 건 그다음 문제야"라고 당당히 내 자유로움을 허락해주셨다. 그 순간, 나 자신이 누구인지, 그리고 무엇을 원하는지 분명하게 깨달았다.

준오헤어는 내게 단순한 직장이 아니다. 그곳은 나의 당돌함과 자유로움을 받아들여주고, 그것을 무한한 '에너지'로 바꿀 수 있게 해준 진짜 자유를 품은 무대였다. 그리고 나의 당돌함을 온전히 수용해준다는 것은 단지 관대한 허용이 아니었다. 오히려 그 안에서 내 재능과 열정을 마음껏 펼칠 수 있도록 기회를 준다는 '차디찬' 허락이었다. 그것은 옷차림 하나가 아니라 내가 가진 본능적인 가능성 전체를 믿고 기다려주는 준오헤어의 '믿음'이었다.

시간이 흐르면서 나의 손길은 자신감으로 점점 단단해졌다. 가위를 다루는 감각도 예리했다. 내 작업을 지켜보는 손님들의 눈빛이 달라졌다. "이 친구는 스타일이 독특하고 '에지edge(차별화된 개성 있는 스타일)' 있지만 확실히 내 손에 맞는 느낌이 있다"는 칭찬을 들을 때마다 나는 가슴 깊이 전해지는 고마움에 더욱 강한 자부심을 느꼈다.

준오헤어의 세례를 받은 자유로운 영혼

내가 자유로운 영혼일 수 있는 건, 바로 이곳이 그 가치를 믿어주기 때문이다. 대표님은 늘 말씀하셨다. "준오헤어는 누구나 자신의 색깔을 지킬 수 있는 곳이어야 한다. 단, 손님에게 최선을 다해야 한다는 전제는 변함이 없어." 그 말에는 나의 당돌함을 함부로 노출할 수 없는 무게가 실려 있다. 또 자유로운 영혼이 자칫 방종으로 흘러서는 안 된다는 따끔한 경고가 담겨 있다.

그 덕분에 나는 민소매 차림으로 자유를 드러내되, 거기서 멈추지 않고 기술로 보여주어야 한다는 사명감을 가지게 되었다. 마치 바람이 세차게 불어도 흔들리지 않는 바위처럼 내 특유의 '그릿grit'으로 헤어 시술 훈련에 매달렸다. 그리고 이젠 준오헤어의 어느 디자이너보다 빛나는 자부심으로 고객을 맞이하고 있다.

이러한 나의 자부심 뒤에는 한 가지 원칙이 숨어있다. 바로 진실한 마음으로 고객을 바라보는 밝고 따뜻한 눈빛이다. 내 맨손에서 뿜어져 나오는 애정 어린 손길은 결국 고객의 마음속 깊은 곳에 자리 잡고, 미소라는 아름다운 결실로 이어진다.

나는 오늘도 준오헤어 거울 앞에 선다. 머리카락이 휘날리는 바람 소리를 들으며 독백처럼 다짐한다. "이곳에서 자유로운 영혼을 잃지 않으리라. 하지만 동시에 이 자유를 지키기 위해 끊임없이 배우고 성장하리라." 이런 다짐과 함께 문득 강윤선 대표님의 말씀이 귓가를 스친다.

"준오헤어의 영혼은 자유로우면서도 책임감 있는 창의성이야. 멋진 디자이너란 기술뿐 아니라, 그 안에 흐르는 인간미를 담아내는 사람이기도 해." 그 말이 내 영혼에 깊이 새겨져 있다. 그리고 어머니의 사랑처럼 영원히 지워지지 않을 아름답고 선명한 자국으로 남아있다.

당돌하게 민소매 셔츠를 입고 모습을 드러냈던 나를 포함한 모두 이 길 위에서 한 사람의 '완성된 나'가 되어야 했던 과정이었다. 그리고 그 모든 순간을 포용하고 지지해준 것은 '준오'였다. 당돌하고 자유로운 영혼을 믿어준 준오헤어가 있었기에 비로소 거울 속에 비친 가위를 쥔 나를 더욱 사랑할 수 있게 되었다.

이 글을 읽는 누군가에게 전하고 싶다. "당신이 어떤 모습이든, 어떤 꿈을 품고 있든 반드시 당신을 받아줄 곳이 있다. 그리고 일에 대한 그 첫사랑을 잃지 않는다면, 그곳에서 당신은 비로소 진정한 자신이 될 수 있다."

나는 오늘도 '당돌한 눈빛'에 오버랩하는 '당당한 자부심'으로 손님을 맞이한다. 그리고 준오헤어가 베풀어준 헤어디자이너 철학의 세례를 받고 성장한 자유로운 영혼으로 단단히 가위를 쥔다.

내가 매일매일 준오헤어에 감사하는 이유

"헤어는 속도보다 '방향'과 '디테일'이 먼저다!"

가위는 생각보다 조용하다. 손끝에서 느껴지는 섬세한 떨림, 한 올 한 올 자르며 나아가는 그 길 위에 묵묵한 진심이 쌓인다.

헤어디자이너의 하루는 결코 화려하지 않다. 때론 아침 햇살보다 먼저 이른 시간에 문을 연다. 인턴 때는 샴푸실과 화장실 청소에 신경을 써야 한다. 이 두 곳의 청결은 마치 영화 속 주연보다 조연이 빛나는 경우처럼 눈에 띄지 않는 곳에서 준오헤어를 빛나게 한다.

그리고 마감 후 밤늦도록 연습실에 홀로 남아 빗과 드라이기를 손에 쥔다. 그 고요한 반복 속에서 다져지는 건 단지 기술이 아니라 '방향'과 '디테일'에 대한 감각이다.

요즘 세상은 속도를 요구한다. 누가 더 빨리 성공했는지, 몇 년 차에 어떤 위치까지 올랐는지, 팔로워 수나 매출이 실력의 증거가 된다. 하지만 진짜 헤어디자이너의 길은 그리 단순하지 않다. 겉으로 드러나는 성공보다 먼저 내면에 뿌리를 내려야 한다. 그 뿌리는 오로지 '방향'과 '디테일'로 단단해진다.

헤어디자인은 결국 질문이다. "이 고객에게 가장 잘 어울리는 형태는 무엇일까?", "이 한 가닥이 주는 인상의 차이는 무엇일까?" 이런 질문에 끝없이 스스로 답을 찾아가며 성장하는 것이 헤어디자이너다.

누군가는 빠르게 유명해지고, 또 누군가는 짧은 시간에 많은 돈을 벌 수도 있다. 하지만 그 속도에 휩쓸려 방향을 잃는다면, 그 성공은 마치 해변의 모래성처럼 작은 파도에도 한 번에 무너지고 만다. 방향이 있어야 속도 또한 비로소 그 의미를 찾을 수 있다.

방향 없이 속도만 빠른 배는 결국 어디로 가는지도 모른 채 표류하게 된다. 비록 느리더라도 내 갈 길이 분명한 사람은 흔들리지 않는다. 누군가보다 늦게 시작했더라도 오직 나만이 걸을 수 있는 바른 방향을 찾아간다면 그 길은 훌륭한 '작품'이 된다. 그리고 그 작품은 사람의 마음을 움직인다.

또한 헤어는 단순 '기술'이 아니라 '이해'다. 고객의 눈빛 하나, 말투 하나, 얼굴형과 분위기, 그리고 그날 손님의 기분까지 느껴야 하는 예민한 공감의 예술이다. 그래서 더디며 쉽지 않다. 하지만 그 느림에서 나만의 '결'과 '무늬'를 만들고, 하나의 세계를 만들어간다면 어느 순간 그 섬세한 '디테일'이 세상과 소통하는 문이 된다.

무엇보다 조급한 비교는 내 마음을 어지럽힌다. 가까운 동료 디자이너가 더 잘나가 보이고, 후배가 먼저 스타가 된 것 같다고 느낄 때, 누구나 마음이 초조해진다. 그러나 헤어디자이너의 가장 아름답고 단단한 성장은 남과 비교하지 않는 성장이다.

헤어디자이너는 누구보다 자신과 싸워야 하는 직업이다. 그 싸움은 어제의 나보다 오늘의 내가 조금 더 섬세했는지, 어제는 놓친 그 디테일을 오늘은 잡았는지, 그런 성찰을 위한 싸움이라는 것을 잊지 말아야 한다.

어떤 날은 거울 앞에서 무력감을 느낄지도 모른다. 내가 잘하고 있는 게 맞나, 왜 이렇게 느릴까, 왜 이렇게 불안할까. 그럴 때마다 다시 떠올려야 한다. 나는 어디를 향하여 가고 있는가? 나는 어떤 디자이너가 되고 싶은가? 이런 질문이 있다면 흔들려도 무너지지 않는다.

시간은 정직하다. 느리더라도 방향이 뚜렷한 사람, 디테일을 놓치지 않은 사람, 비교하지 않고 자신의 결 무늬를 그려가는 사람, 그런 사람에게 시간은 반드시 증명한다. "네가 옳았다"라는 것을 말해줄 것이다. 속도가 아닌 방향으로, 깊이가 아닌 디테일로, 그렇게 나아가면 된다.

결국 헤어는 사람이 만지는 작업이다. 속도보다 마음이 먼저다. 기술보다 배려가 먼저다. 트렌드나 유행보다 묵직한 헤어디자인에 깃든 철학적 내공이 두껍게 쌓여야 한다. 그리고 그 '방향'과 '디테일'은 디자인 기술이 아니라, 결국은 모두 그 내공의 두께와 비례하며 완성된다.

우리 모두 준오헤어의 철학적 기반 위에 서 있다. 따라서 준오헤어에서 배우고 학습하는 것만 꾸준히 실천해도 우리는 '방향'과 '디테일'을 걱정할 필요가 없다. 내가 오늘도 준오헤어에 감사하는 이유다.

'내면'이 중요하지만 우리는 '외모'로 판단한다

"여호와는 사람과 같지 아니하니 사람은 외모로 보거니와 여호와는 중심을 보시느니라." - 사무엘상 16장 7절

"표지를 보고 책을 판단하지 말라. Do not judge a book by its cover." - 영국 속담

이 두 구절은 우리에게 너무도 익숙하다. 누구나 한 번쯤은 들어봤을 것이고, 또 위로 삼았던 '격언'이다. 그러나 아이러니하게도 우리는 여전히 외모로 사람을 판단하며 살아간다. 처음 만나는 사람에게서 그 내면은 보이지 않는다. 성격도, 신념도, 인생도 표면 아래 숨겨져 있다. 우리는 그 껍질인 외모를 통해 판단을 시작한다.

물론 내면이 중요하다는 건 더 이상 어떤 설명도, 논의도 필요없는 상식이다. 인간의 내면적인 진심은 외모보다 훨씬 더 가치 있고, 오래 지속되며, 결국 한 사람의 진정한 가치를 결정한다. 누구나 알고 있다. 하지만 그 본질적 내면을 알아내기가 어렵다는 게 문제다.

이 냉엄한 현실에서 외모는 단순히 꾸미는 데만 치중하는 '외모지상주의'라고 비난할 일이 아니다. 외모는 세상과 소통하는 또 다른 하나의 언어로 작용하기 때문이다. 특히 '헤어스타일'은 한 사람의 분위기와 첫인상을 결정짓는 핵심 포인트가 된다.

눈보다 먼저 보이는 것은 얼굴이고, 얼굴보다 먼저 이미지를 형성하는 인상은 다름 아닌 '헤어스타일'에서 드러난다. 그래서 우리는 머리 모양으로 사람의 성향을 짐작하고, 그 스타일에 따라 다가갈지 물러설지를 본능적으로 판단하게 된다.

특히 인생의 첫출발을 알리는 면접장, 첫 미팅, 중요한 발표, 새로운 계절을 맞이하는 날, 사람들은 먼저 머리부터 바꾸러 헤어숍을 찾는다. 머리카락은 말하지 않지만 가장 많은 이야기를 전한다.

이 시대의 헤어디자이너는 단순한 기술자가 아니다. 그들은 고객의 자존심을 다듬는 조력자이며, 세상과 자신 사이를 잇는 첫

인상의 연출자다. 겉만 꾸미는 것이 아니라, 내면이 세상과 조화롭게 만나도록 외모를 통해 통로를 여는 일을 하는 '프로'들이다.

외모가 사람의 진실한 내면을 대신할 수는 없다. 하지만 외모를 통해 내면이 전달될 수 있는 게 현실이다. 외모는 내면을 비추는 거울 같은 것이기 때문이다. 내면의 진심도, 따뜻한 성격도 표정과 스타일을 통해 세상에 신호를 보내야 비로소 사람들에게 닿을 수 있다.

이제는 외모와 내면을 분리해서 보지 말아야 한다. 내면을 더 잘 드러내기 위한 외모, 그것은 허영이 아니라, 표현의 방식이다. 자신을 아끼는 마음, 다른 사람과 건강한 관계를 맺고 싶은 마음, 조금 더 당당하게 살아가고 싶은 열망 등 그 모든 내면의 의지가 곧 '외모'라는 형식으로 표출된다.

외모보다 내면이 더 중요하다는 것은 말하지 않아도 아는 사실이다. 하지만 내면이 더 잘 살아나도록 돕는 외모 또한 결코 가벼이 여겨서는 안 된다. 외모와 내면이 조화를 이루는 순간, 더 건강하게, 더 자신 있게, 더 아름답게, 그리고 더 당당하게 자기 인생길을 걸어갈 수 있다.

그 아름다움의 시작점에서 오늘도 수많은 헤어디자이너가 겉을 만지며 속을 바라보고, 가위 기술을 통해 고객의 마음을 표현한다. 그리고 그런 디자이너들의 손끝에서 단지 머리가 아니라 자기 자신을 만나고, 세상 앞에 단단하게 다시 서게 된다.

프랑스의 유명 디자이너 가브리엘 코코샤넬은 이런 말을 남겼다. "사람을 외모로 판단하지 말라! 그러나 명심하라. 상대는 당신을 겉보기로 판단할 것이다." 외모보다 내면이 중요하다. 하지만 우리는 첫 만남의 순간, 그 사람의 외면을 뚫고 들어가 내면의 본질을 파악하기가 어렵다는 '역설paradox'로 들린다.

준오헤어는 삶의 예술이자 인생의 태도다

"즐겁게 살다가 의미 있게 죽자!"

이 짧고 단단한 문장은 준오헤어 강윤선 대표님의 삶을 관통하는 준오헤어라는 브랜드 철학의 뿌리이기도 하다. 그는 단지 미용업계의 성공한 경영자가 아니다. 스스로의 삶과 일을 통해 수많은 미용인의 존재 이유를 묻고, 또 되물으면서 새롭게 미용 역사를 써 내려가는 기업인으로 주목을 받는다.

그래서 준오헤어 디자이너들은 거울 앞에 앉은 한 사람 한 사람의 머릿결을 스치는 손끝에 단순한 기술이 아닌 묵직한 이야기가 담겨 있다는 것을 생각한다. 헤어는 단순한 변신이 아니라, 내면을 어루만지는 일이다. 머리는 손으로 자르지만, 인생은 태도를 다듬는다. 준오헤어는 바로 그런 철학적 콘셉트에서 출발한다.

준오헤어의 디자이너들은 가위를 들기 전에 먼저 자신에게 질문을 던진다. "이 사람은 어떤 삶을 살고 있을까?" 그 물음이 시작되는 순간, 디자인은 단순한 기술을 넘어 공감의 예술로 발전한다.

고객의 하루를, 관계를, 그리고 꿈을 상상하면서 빚어낸 커트 한 올, 한 줄, 한 가닥에 무심한 손놀림은 없다. 그 모든 움직임은 섬세하고 진실한 삶의 태도에서 비롯된다. 준오헤어는 트렌드보다 먼저 한 사람의 '고유함'을 발견하고 그 안에서 가장 빛나는 모습을 끌어낸다.

고객의 외모뿐 아니라 내면까지도 변화시키는 헤어디자인, 그 변화는 단지 시각적인 것이 아니라 정서적인, 그리고 궁극적으로는 인생의 변곡점이 되기도 한다. 디자인이란 결국 타인의 삶에 진심으로 귀 기울이는 태도에서 비롯된다는 걸 준오헤어는 누구보다 잘 알고 있다.

특히 창업자 강윤선 대표님이 이끄는 준오헤어의 철학은 이 한마디로 요약된다. "즐겁게 살다가 의미 있게 죽자!" 이는 단지 인생의 '모토'가 아니라, 삶을 관조하는 본질적 태도이며 자세다. 사람을 대하는 방식이며, 디자이너 각자가 자신의 삶을 어떻게 바라볼 것인가에 대한 깊은 성찰적 질문이 담겨 있다.

그래서 준오헤어의 교육은 기술보다 태도를 먼저 가르친다. 태도는 그 사람의 숨겨진 본질을 드러내주는 다른 방식의 내면 그 자체이기 때문이다. 리더십 교육, 자기성찰, 사람을 품는 마음가짐 등 이 모든 게 디자이너의 태도에서 묻어난다. 그리고 그 품격이야말로 고객이 모여드는 까닭이고, 준오헤어의 이름을 신뢰하게 하는 이유다.

준오헤어는 단순히 '미용 브랜드'가 아니다. 그것은 '삶을 예술처럼 다듬는 방식'이고, 일상의 모든 순간에 최선을 다하는 탁월한 태도다. 속도보다 방향을 중요시하고, 성공보다 의미를 먼저 찾는다.

그래서 준오헤어는 유행보다 사람을 먼저 본다. 마음을 읽는다. 삶을 느낀다. 고객의 인생을 있는 그대로 사랑하고, 그 안에서 가장 아름다운 결을 찾아내는 것이 바로 '준오'의 시술 방식이다.

헤어스타일의 아름다움은 단지 기술로만 완성되지 않는다. 그 아름다움은 태도로 완성되기 때문이다. 그리고 그 태도는 하루하루 삶을 대하는 디자이너의 마음가짐에서 비롯된다.

헤어디자이너가 하루의 피로에도 묵묵히 가위를 드는 이유,

그 손끝에 사랑을 담아 하루에도 십수 명의 인생을 어루만지는 이유는 결국 이 일이 단순한 직업이 아니라 '삶의 예술이자, 인생의 태도'라고 단단히 믿기 때문이다.

테크닉은 흉내 내도 사람의 진심은 못 베껴

가위는 누구나 들 수 있다. 커트의 각도, 컬의 굵기, 염색의 색감까지 요즘은 유튜브만 뒤져도 이름있는 디자이너의 테크닉을 쉽게 따라 할 수 있다. 물론 배우는 데는 시간과 노력이 필요하다. 하지만 누구나 디자인의 흉내는 빠르게 낼 수 있다.

사람들은 쉽게 말한다. "헤어디자인은 결국 스킬 싸움이 아닌가요?" 하지만 이는 헤어디자인의 반쪽만 본 것이다. 기술은 누구나 흉내 낼 수 있다. 그러나 사람의 진심이 담긴 '준오'의 헤어디자인은 결코 누구나 마음대로 베낄 수 없다.

헤어디자인은 단순히 머리를 손질하는 일이 아니다. 그것은 한 사람의 얼굴, 마음, 그리고 삶을 다루는 섬세한 작업이다. 그 고객이 어떤 하루를 살고 있는지, 어떤 마음으로 이 자리에 와서 앉았는지 굳이 말하지 않아도 느낄 수 있는 디자이너의 감성적 직관과 진심이 핵심이다.

테크닉이 뛰어난 헤어디자이너는 많다. 하지만 오래 기억되는 디자이너는 드물다. 그 차이는 무엇일까? 기술의 디테일도 중요하지만 그보다 더 깊이 있는 차이는 헤어디자인의 출발점이 어디에 있느냐는 것이다. 그 출발점을 가장 디테일하게 가르치는 곳이 바로 준오헤어다.

사람을 사랑하는 '진심'에서 출발한 헤어디자인은 고객을 단순히 모델로만 보지 않는다. 한 사람의 성격, 표정, 평소의 의상, 말투, 눈빛까지 고려해 그 사람답게 그리고 그 사람이 가장 편안해질 수 있게 헤어스타일을 디자인한다.

그래서 진심을 다해 완성된 고객의 헤어스타일은 그저 "멋있다", "예쁘다"라는 말로 끝나지 않는다. 그는 이런 말을 들려준다. "지금 내 모습이 나 같아서 좋아요." 이 한마디를 이끌어내는 건 디자이너의 단순 테크닉이 아니라, 마음의 진실이 묻어있어야 가능하다.

헤어 디자이너에게 손끝보다 더 예민해야 할 것은 고객의 마음을 읽는 감각이다. 진심이 담겨 있는 헤어디자이너는 고객과의 침묵마저 대화로 만든다. 그 조용한 교감 속에서 탄생하는 디자인은 결코 흉내로 재현되지 않는다.

게다가 진심은 향기처럼 남는다. 머리카락은 자라고 스타일은 바뀌지만, 디자이너의 진심은 고객의 기억 속에 오래도록 머문다. 그건 다시 찾게 되는 신뢰가 되고, 어떤 유행보다 더 강력한 브랜드가 된다.

기술은 시간을 들이면 누구나 일정한 수준에 다다를 수 있다. 하지만 사람을 진심으로 대하는 디자이너 마음의 태도는 학습이 아닌, 디자이너가 갖는 평소 성찰적 자세에서 비롯된다. 나는 준오헤어에서 이런 본질적인 태도를 체득할 수 있었다.

그래서 진짜 실력 있는 헤어디자이너는 결코 보여주기 위한 기술을 앞세우지 않는다. 그 대신 느껴지게 하는 진심을 바탕에 두고 움직인다. 그런 디자이너는 테크니컬한 손이 아니라 마음으로 디자인한 것이란 걸 고객은 집에 돌아온 뒤에야 알아차리게 된다. 내 마음을 진짜로 이해해주는 헤어디자이너가 있다는 것을 말이다.

디자이너의 진심이 고객에게 감동을 전할 때, 결국 그는 평범한 헤어디자이너가 아닌 예술가로 기억된다. 그리고 그 예술은 사람을 움직이고, 세상을 조금씩 바꾸어나간다. 따라서 디자이너에게 가위보다 먼저 나와야 할 것은 진실한 마음의 자세다.

그것은 따뜻한 감동이어서 아무나 결코 흉내 낼 수 없는 디자인의 가장 수준 높은 완성이다. 그래서 "기술은 흉내 낼 수 있지만, 사람의 진심은 절대로 베낄 수 없다"라는 말이 헤어디자인 세계의 금언으로 각인된다.

능력은 화려함보다 자유로움에서 나온다

거울 너머로 서로의 시선을 읽는 순간 헤어디자인은 기술을 넘고, 감정은 말보다 앞서 교감한다. 헤어디자이너와 고객 사이는 팽팽한 긴장이나 스타일이 아닌 신뢰의 교환이다. 찰나의 눈빛 속에서 서로 이해하고 믿는다. 그 사이에는 신뢰가 있고, 감성이 있으며, 무엇보다 자유가 있다.

많은 사람은 헤어디자이너의 능력을 화려함에서 찾는다. 화려한 이력, 세련된 말투, 트렌디한 감각, 반짝이는 커리어와 스포트라이트 아래서 멋지고 능숙하게 가위질하는 모습은 분명히 매력적이지 않을 수 없다.

하지만 진짜 헤어디자이너의 능력은 그런 외면의 화려함보다 내면이 얼마나 자유로운가에 달려있다. 자유롭다는 건 아무렇게나 흐르는 방종이 아니다. 자유란 가위 끝에서 시작되는 상상의 해방이다. 정해진 틀을 넘어 고객의 얼굴 위에 디자이너의 미학을 새기는 일이다.

고객의 삶과 감정을 직조하며, 그 안에 준오헤어가 추구해온 디자이너의 철학을 녹이는 것, 이는 곧 기술을 넘어 감각으로, 트렌드를 넘어 진정성으로 나아갈 수 있는 크리에이티브한 디자이너의 권한이자 책임 있는 비행飛行이다. 자유는 디자이너의 방종이 아니다. 이는 디자이너가 마음껏 펼치는 선택의 연속이다.

자유로움은 타인의 시선을 따라가지 않아도 되고, 유행이나 트렌드에 민감하게 흔들리지 않으며, 내가 무엇을 좋아하고 어떤 헤어디자인의 철학을 갖고 있는가를 분명히 아는 상태다. 그런 상태에서 디자이너는 진정한 자기 세계의 창조자가 된다.

자유로운 디자이너는 유행의 틀에 갇히지 않는다. 기존의 형식에만 의존하지 않고, 고객의 말에 더 귀를 기울이며, 어떤 고정관념도 뛰어넘을 준비가 되어 있다. 그는 가위를 드는 순간 세상의 기준보다 한 사람의 본질에 집중한다. 그의 자유는 깊이 있게 다가가는 용기와 자신감이다. 세상을 바꾸려 하지 않고 한 사람을 온전히 이해하려는 자세다.

"이 사람에게 필요한 것은 무엇일까?" "이 사람이 진짜 원하는 변화는 어떤 결일까?" "이 사람이 추구하는 삶의 본질은 무엇일까?"

이런 질문에 충실한 디자이너의 자유는 트렌디한 유행의 '소음'보다 한 사람의 조용한 '속삭임'에 귀를 기울인다. 그는 마침내 단지 흉내 내는 손이 아니라, 한 사람의 본질을 감각하는 눈으로 세상의 기준이 아닌, 그 사람만의 진실한 아름다움을 꺼내는 완성된 기술을 펼친다.

화려한 헤어디자인은 누구나 따라 할 수 있다. 그러나 고객을 깊이 있게 이해하고, 거기서부터 출발하는 자유로운 디자인은 쉽게 복제할 수 없다. 그것은 디자이너의 마음에서 나오는 고유한 언어이고, 자유로움에서만 피어나는 섬세한 직관이기 때문이다.

그래서 화려함만 추구하는 디자이너는 늘 겉모습을 비교하면서 초조해한다. 그러나 자유로운 디자이너는 자신의 길을 자신만이 걸을 수 있음을 잘 알고 있다. 화려함보다 중요한 건 디자인에 자신의 신념이 담겨 있는가를 확인하는 것이다.

헤어디자인은 기술임과 동시에 인격이다. 자유로운 사람만이 타인을 판단하지 않고 제대로 바라볼 수 있다. 자유로운 사람만이 고객의 진짜 얼굴을 발견할 수 있다. 자유로운 사람만이 정답이 없는 미용 세계에서 자신만의 정답을 찾아갈 수 있다.

준오헤어는 능력을 보여주기보다 고객의 아름다움을 드러나게 하는 철학을 갖고 있다. 내가 준오헤어를 선택한 또 다른 이유이자 본질이다. 기술은 갈고닦아 빛내는 것이고, 자유는 스스로를 받아들이는 데서 비롯된다는 걸 준오헤어는 실천하면서 가르치고 있다.

자유로운 디자이너는 오늘도 자신만의 흐름으로 연습하고, 자신만의 감각과 리듬을 믿으며, 한 사람의 인생에 스며든다. 그래서 자유가 바로 디자인을 살아 숨 쉬게 만든다. 그런 자유가 바로 헤어디자이너의 진짜 능력이다.

헤어디자인 세계에서의 진정한 능력은 화려함이 아니라, 자유로움에서 시작된다. 그리고 그 자유는 세상에서 가장 아름다운 창조를 가능하게 한다. 단지 헤어디자인이라는 예술을 넘어 사람의 삶을 빛나게 만드는 조용하고도 단단한 힘이 된다.

헤어디자인으로 고객의 '감정'을 다듬는다

헤어디자이너는 고객의 외면을 다루는 사람이라는 오해는 참 오래되었다. 사람들은 헤어디자이너가 머리카락을 다듬고, 컬을 말고, 앞머리를 커트하고, 드라이하고, 염색하는 기술직이라고 생각한다. 하지만 실은 디자이너의 손끝에서 바뀌는 것은 외양이 아닌 바로 한 사람의 '감정'이다.

한 올, 한 가닥의 머리카락이 바뀌면 그 사람의 시선도 바뀐다. 한 줄의 앞머리를 정리하면 말투가 달라지고, 미소가 더 자연스러워진다. 약간의 컬이 들어가면 그 사람의 걸음걸이가 달라진다. 눈빛이 살아나고, 표정이 밝게 피어난다. 디자이너는 그런 감정변화를 지켜보며, 매일 고객의 얼굴에 말 없는 예술을 그리는 사람이다.

어떤 고객은 아무 말도 하지 않는다. 그저 조용히 머리를 정리하고 싶다고 말한다. 하지만 디자이너는 그에게 오랜 감정이, 그 스타일 뒤에 많은 이야기가 얽혀 있다는 것을 안다. 또 그 안에는 수많은 오늘이 담겨 있다. 중요한 면접, 끈질긴 구애 끝에 이뤄낸 꿈만 같은 데이트, 중요한 계약 자리, 또는 그저 스스로를 조금 더 사랑하고 싶은 날에 이르기까지 수많은 사연이 묻어있다.

그래서 헤어디자이너는 손끝으로 질문하고, 눈빛으로 대답을 듣는다. 그리고 그 감정을 머리카락 위에 조심스럽게 그려나간다. 머리를 자르고 다듬는 일은 단순한 헤어디자인 시술이 아니다. 그것은 마음의 형태를 바꾸고, 감정의 골을 풀어나가는 작업이다.

고객은 때로 자신감을 잃고, 스스로를 의심하며 거울을 피한다. 하지만 헤어디자이너가 전해주는 단정한 실루엣과 균형 잡힌 라인, 어울리는 컬러와 흐름 속에서 다시 자신의 얼굴을 바라본다. 조금은 놀라운 눈빛으로, 희미하게 느껴지는 잔잔한 미소로 천천히 바뀌어간다.

디자이너의 가위는 단순히 머리카락을 자르는 것이 아니라, 그 사람의 두려움을 덜어낸다. 드라이어의 바람은 단지 머리카락을 말리는 작업이 아니라, 오래 묵은 고민을 털어낸다. 컬을 넣은 롤은 단지 스타일을 만든 것이 아니라, 설렘과 기쁨을 감싸고 드러내는 도구다.

그리고 디자이너는 그 모든 순간에 그 사람의 기분을 바꾸고, 마음을 어루만지며, 감정까지도 디자인한다. 결국, 디자이너는 사람의 외모를 아름답게 만드는 미용의 영역을 넘어 누군가의 감정과 기억을 정리하는 작업을 하게 된다. 그 안에는 꿈이 있고, 관계의 시작이 있다. 때로는 수개월, 수년을 정리하지 못한 감정도 담겨 있다.

세상은 결과만 본다. 잘 어울리는지, 유행에 맞는지, 완성도가 높은지에 중점을 둔다. 하지만 '준오'의 디자이너는 과정을 안다. 머리를 만지는 동안 나누는 대화, 머릿결 사이에 느껴지는 감촉, 조용한 변화의 순간에 디자이너는 하루하루 고객의 감정 위에 그림을 그린다. 그것은 소리 없는 예술이자, 다시 자신감 있는 발걸음을 내딛게 하는 힘이다.

"예쁘게 해주세요"라는 짧은 말엔 '오늘은 웃고 싶어요', '나를 더 사랑하고 싶어요', '이제는 조금 달라지고 싶어요'와 같은 내면의 바람이 숨겨져 있다. 그리고 디자이너는 그 소리를 가장 먼저 읽어내는 사람이다.

그래서 디자이너는 기술자가 아니라, 고객의 마음을 잘 읽고, 표현하고 조화롭게 만들어주는 '감정의 큐레이터'다. 디자이너의 손은 머리카락을 만지지만 사실은 마음의 결을 다듬고, 그 사람의 내면을 빛나게 한다. 거울 앞에서 고객의 마음을 다시 조율하고 자신감을 디자인한다. 그 모든 변화를 가능하게 만드는 순간이 디자이너가 자기를 사랑하는 이유다.

한 사람이 눈빛이 바뀌는 것을 목격하는 것, 그 눈빛 안에서 피어나는 자신감과 기대감, 그리고 다시 번지는 따뜻한 미소와 같은 것이야말로 헤어디자이너가 만들어내는 진짜 결과물이자 '감정'을 디자인하는 것이다.

고객의 '감정'까지 디자인할 수 있다는 진실을 안다는 것은 헤어디자이너가 일상에서 예술가로 살아가는 가장 값진 삶이 된다.

준오헤어의 철학이 오늘의 나를 만들었다

나는 지금 20대 후반의 나이에 준오헤어 홍대입구역점에서 일하고 있다. 흔히 세상의 모든 20, 30대가 가장 부러워하는 상위 10% 내의 연봉을 훌쩍 뛰어넘는 억대 연봉과 준오의 부원장이라는 직함을 갖고 가위질에 열정을 쏟고 있다. 누군가는 이 자리를 '성공'이라 부를지도 모른다.

하지만 나는 이 자리가 단지 명함에 박힌 직함이나 높은 연봉에서 비롯된 것이라고 정의하지 않는다. 나는 지금도 여전히 현장에서 고객의 얼굴과 눈빛을 마주 대하며, 땀 흘리는 청년의 열정으로 내 존재를 확인하고 있다. 그리고 그 중심에는 '준오헤어의 철학'이 있다.

나는 하늘 아래 끝동네 강원도 봉평, 메밀꽃 피는 마을에서 태어나 성장했다. 아름다운 풍경과 달리, 어린 시절은 적막하고 외롭고 쓸쓸할 때가 많았다. 어머니 홀로 우리 가족을 지키기 위해 하루도 쉴 틈 없이 일하시는 그 뒷모습이 내 어린 시절의 어둡고 쓸쓸했던 기억의 대부분을 차지한다.

그런 나도 차츰 어머니의 외로움과 힘든 삶, 그리고 어린 여동생을 생각하면서 내면에서는 또래보다 일찍 철이 들기 시작했다. 고등학교에 들어가면서 흥미 없는 공부보다 이런저런 아르바이트로 어머니와 동생 정음을 지켜야 한다는 마음이 들었다.

때론 흔들리고 방황도 했다. 그때마다 어머니는 따뜻한 말로 나를 감싸고 어루만지면서 "공부에 관심이 없어도 좋아. 교회 열심히 다니고 목사님 말씀 잘 들으면서 하나님을 믿고 의지하면 넌 반드시 성공하는 사람이 될 거야"라며 부족하고 텅 빈 내 가슴을 위로와 사랑으로 채워주셨다.

지금 생각하면 누구보다 메마르고 거친 사춘기를 보낸 내가 비뚤어지지 않은 건 어머니의 사랑과 종종 주일 설교에서 "사람은 누구나 자기만의 사명이 있다"라고 설교하시던 강영하 목사님이 나를 세우고 지탱하는 버팀목이 됐다. 내 성공은 단지 작은 기적이 아니라, 사랑과 신앙으로 나를 믿어주시는 두 분의 따뜻한 눈길 덕분이다.

그리고 나는 '헤어디자인'이라는 길을 만났다. 남들이 부러워하는 직업이 아니라, 내가 어릴 때만 해도 '못난 남자애가 하는 일'이라며 깔보고 업신여기는 경향이 있었다. 하지만 내가 진심으로 재미를 느끼는 일이었고, 그 속에서 꿈과 목표를 가질 수 있었으며, 마침내 나는 행복을 찾았다.

가위를 들고 고객의 얼굴에 집중하면 시간이 멈추고, 내 안의 감각이 깨어났다. 그 순간만큼은 나의 상처도 외로움도 모두 사라졌다. 내가 이 일을 정말 좋아한다는 사실을 알았고, 그 마음을 따라 내면의 기쁨으로 묵묵히 이 길을 걷기 시작했다.

그러나 단지 뭔가를 좋아하고 재미있어한다고 해서 모두 성공하는 건 아니다. 이 길에서 내가 제대로 뿌리를 내릴 수 있었던 것은 바로 '준오헤어'라는 이름 아래에 단단히 서 있기 때문이다. 준오라는 브랜드 철학이 없었다면 나는 절대 지금과 같은 자리에 설 수 없었을 것이다.

준오헤어는 단지 디자인을 잘하는 것을 넘어선 교육과 성장이라는 이름의 숲이다. 준오의 철학은 우리 디자이너에게 "사람은 교육으로 바뀐다. 디자이너는 고객의 감정을 디자인하는 사람이다. 가위는 도구가 아니라, 너의 인생철학이 되어야 한다"라고 가르친다.

처음엔 철학이라는 단어가 그저 막막하게 들렸다. 하지만 시간이 흐르면서 그 철학의 깊이와 의미를 일상의 체험으로 이해하게 되었다. 기술은 누구나 배울 수 있다. 하지만 사람을 이해하고, 진심을 담아 헤어를 디자인하는 마음은 쉽게 얻어지는 것이 아니다. 준오에서 나는 그 마음을 배울 수 있었다.

스승님은 내게 늘 손끝보다 먼저 마음을 다듬으라고 가르쳤다. 칼날처럼 날카롭던 내가 고객 한 사람 한 사람의 말에 귀를 기울이고, 커트 한 올 한 줄에 의미를 담는 디자이너로 변화하고 성장한 건 바로 준오헤어의 고급문화와 브랜드 철학을 먼저 실천한 스승님 덕분이었다.

출근하자마자 먼저 가위를 벼리고 닦는다. 그건 단순한 준비가 아니라, 하루를 살아갈 나 자신을 정비하는 기도 같은 의식의 시간이다. 나는 여전히 배운다. 아직 준오헤어에서 배울 것이 많다는 걸 알기에 더욱 겸손해진다. 그리고 문득 돌아보면 내가 자라 온 길 위에는 늘 준오의 철학이 함께 있었다.

나는 헤어디자인을 통해 내 삶을 다졌고, 준오헤어를 통해 내 인생을 빚었다. 무엇보다 준오의 사람 중심의 따뜻함과 배움이라는 치열한 성장문화가 있었기에 지금의 내가 존재할 수 있었다.

나는 준오헤어 철학 위에 내 꿈과 비전을 얹어 수없이 많은 날을 치열하게 살아왔다.

그리고 그 치열함이 결국 오늘 내가 누리는 성공이라는 이름의 열매가 되었다. 성공은 나를 단단하게 만들었다. 하지만 내 꿈을 향한 발길은 이제 시작이다. 꿈은 여전히 나를 설레게 한다. 그래서 그 꿈을 좇아 오늘도 새로운 발걸음을 내딛는다.

'준오' 후배 디자이너가 본 최훈민 부원장

준오헤어 홍대입구역점 살롱 안에는 언제나 반짝이는 가위소리와 함께 사람의 얼굴을 바꾸는 기적이 일어난다. 그리고 그 중심에 한 사람이 있다. 29세 최훈민 부원장은 헤어에 농익었다고 하기엔 아직 젊은 나이다.

하지만 그는 믿기 힘들 만큼 단단하고 동료 후배들에게 깊은 사랑과 실력, 태도, 그리고 디자이너의 품격 등 어느 것 하나 빠지지 않는 준오헤어의 디자인 그 자체라고 해도 과언이 아니다.

입사 초기, 누구나 거울 앞에 서는 게 두려운 시절이었다. 손끝이 떨리고, 고객의 눈빛이 부담스럽고, 자신의 부족함이 뼈저리게 느껴지는 그 시간. 그러나 준오헤어의 후배 디자이너들은 최훈민 부원장이 있다는 이유만으로 조금씩 용기를 얻는다.

그는 단 한 번도 자신의 능력을 과시하지 않는다. 그 대신 실수한 후배 디자이너들의 어깨를 가볍게 토닥이며 말한다. "나도 처음엔 너보다 더 못했어. 자, 다시 해보자!" 그 말은 마치 마법처럼 후배들의 손을 다시 생기 있게 움직이게 만든다.

최 부원장은 디자인 실력으로도 업계를 놀라게 한다. 누가 보더라도 완벽한 레이어, 흐름이 살아있는 컬, 얼굴형과 분위기를 동시에 읽어내는 커트라인은 그가 지닌 천재성이며, 동시에 좌절과 실패를 딛고 일어선 끝없는 연습의 결과물이다.

하루 12시간은 보통이고, 때로는 14시간 이상 고객을 맞이한다. 영업이 끝난 뒤에도 피곤하다면서 서둘러 귀가하는 법이 없다. 빗과 가위를 정리하면서 거울 앞에서 자신의 하루를 조용히 성찰한다. 그런 그의 하루는 언제나 어제보다 나은 내일을 준비하는 자세를 잃지 않는다.

최훈민 부원장은 준오헤어에서 가장 높은 연봉을 받는 디자이너다. 하지만 그의 눈빛에서 가장 빛나는 건 수입이 아니다. '잘 버는 디자이너'가 아니라 고객의 얼굴에 화사한 미소가 피어나게 하고, '후배를 잘 가르치는 디자이너'라는 말을 듣는 것이 더 자랑스럽다고 말한다.

동료와 후배 디자이너를 위한 그의 특강은 단순히 기술 전수가 아니다. 고객과의 대화법, 감정을 읽는 감성, 그리고 무엇보다 사람을 디자인하는 준오헤어의 철학까지 실천하며 "헤어디자인은 사람을 바꾸는 힘이야"라고 힘주어 말하는 그의 가르침은 후배 디자이너들의 마음에 오래 남는다.

때로 후배들은 최 부원장을 바라보며 스스로 묻는다. '나는 어떻게 하면 저렇게 될 수 있을까?' 그러나 대답은 언제나 그의 디자이너로서의 태도에서 찾게 된다. 늘 한결같이, 그리고 성실하게 타인을 위해 시간과 마음을 배려해주는 자세가 바로 후배들이 최훈민 부원장을 존경하는 이유다.

그는 항상 빛이 난다. 하지만 그 빛은 다른 사람을 비추기 위한 것이다. 어느 날 막내 디자이너가 이렇게 말했다. "스승님은 나 자신을 포기하지 않게 만들어줘요." 단 한 사람, 최훈민 부원장의 진심이 다른 수많은 가능성을 피어나게 만드는 것이다.

최훈민 부원장은 실력 있는 디자이너 그 이상이다. 후배 디자이너들이 꿈을 포기하지 않게 도와주는 조용한 스승이며, 고객에게는 감정을 디자인해주는 예술가이며, 준오헤어에는 영감을 심는 중심이다.

우리는 안다. 그의 가위는 단순히 머리를 자르고 다듬는 도구가 아니라, 삶을 아름답게 이어주는 또 다른 하나의 언어라는 것을…. 그래서 준오헤어에서 일하는 우리 후배 디자이너들에게 최훈민 부원장님은 '꿈이 실현된 사람'으로 통한다.

이는 단지 높은 연봉이나 실력 때문만이 아니다. 그의 커트에는 준오헤어의 철학이 있고, 그의 하루에는 목표가 있다. 최훈민 부원장의 말과 행동에는 강윤선 대표님의 헤어디자인에 대한 꿈과 준오의 정신이 온전히 녹아 있다.

그는 늘 말한다. "헤어디자인은 고객의 마음을 어루만지는 일이다." 우리에겐 익숙한 말이지만 부원장님은 매 순간 그것을 실천한다. 고객의 눈빛 하나, 말투 하나까지 헤어디자인의 한 부분으로 받아들이고, '디자이너는 곧 마음의 조각가'라는 믿음으로 묵묵히 일하고 있다.

우리는 그런 부원장님의 뒷모습을 바라볼 때마다 '가능성'이라는 단어가 얼마나 멋진지 깨닫는다. 그는 준오의 시작을 잊지 않고 선배들이 쌓아온 길 위에 자신의 길을 더하며, 다시 후배들에게 길을 내어주는 사람이다. 그래서 우리는 그를 존경하고 사랑한다.

최훈민 부원장님은 단지 헤어디자인만 잘하는 디자이너가 아니라, 준오의 철학을 실천하면서 살아가는 사람이다. 그가 보여주는 삶은 우리 후배들에게도 "가능하다"라고 말해주는 조용한 확신이자 다정한 울림이다.

JUNO
HAIR
depuis 1982

'하나님이 나를 지켜보고 계신다!'

어린 시절 우리 집 거실은 늘 조용했다. 엄마는 어린 남매를 양육하기 위해 하루도 쉬지 않고 일하느라 우리는 뒷전이었다. 성격 탓인지 우리 남매는 함께 깔깔거리며 놀지 못하고 집안의 구석진 공간에서 각자 놀이로 외로움을 달랬다.

주일 오후 교회를 다녀온 뒤 한가한 틈이 생기면 엄마에게 어려운 숙제를 도와달라고 부탁했다. 내 형편없는 실력을 파악하고서도 엄마는 나를 조금도 나무라지 않으시고 오히려 위로했다.

"공부는 꼴찌여도 괜찮아! 나는 너를 하나님께 맡겼단다."

그 위로의 힘이 컸다. 엄마의 그 말 한마디가 지금도 내 마음에 밝은 빛이 되어 살아있다. 성적표를 볼 때마다 나는 부끄럽고 두려웠다. 하지만 그 두려움 곁에는 언제나 엄마의 사랑과 믿음이 나를 지키고 있었다.

내가 정말 형편없는 점수를 받아와도 여느 엄마와 달리 단 한 번도 야단치신 적이 없다. 오히려 "하나님이 훈민이 너를 더 크고 아름다운 길로 인도하실 거야"라며 머리를 쓰다듬는 손길로 내 마음을 세워주셨다.

엄마가 하나님과의 약속을 어기고 내 '꼴찌' 성적을 걱정하고 관여했더라면, 나는 스트레스 속에서 자유로운 영혼의 꿈을 좇지 못하고 상처받은 '어중이'가 되어 성적도 꿈도 다 물거품이 되었을 것이다.

가위 하나로 최고 브랜드 준오헤어에서 인정받는 자리에 설 수 있었던 건 엄마의 믿음과 위로의 힘이다. 오늘도 나는 준오헤어 홍대입구역점에서 20대 부원장이라는 이름표를 달고 고객 앞에 서 있다.

내가 세운 작은 목표들은 하나둘씩 속속 현실이 되었고, 내 손끝을 거친 고객들은 거울 속에서 더 당당해진 자신을 만난다. 그 순간마다 나에게는 깨달음이 있었다.

"내 성공의 '공功'은 내가 꾸준히 쌓아 올린 기술과 재능이 아니라, 나를 끝까지 포기하지 않고 지켜보신 하나님께 속한 것이다."

내가 열심히 배우고, 실수를 거듭하며 성장할 수 있었던 것은 엄마가 믿음의 끈을 놓지 않으셨기에 가능했다. 그리고 그 엄마의 믿음의 끝자락에는 언제나 하나님이 계신다는 것을 알 수 있었다.

내가 어둠 속에서 헤맬 때 손을 내밀어주시고, 내가 무너지고 좌절할 듯한 순간에는 언제나 주일날 강영하 목사님의 설교를 통해 힘과 용기를 건네주셨다. 그래서 나는 오늘도 가위를 들며 중얼거리곤 한다.

"하나님, 나의 하나님! 제 손길을 지켜주시고, 초심을 잃지 않도록 제 마음을 붙들어주세요!"

내가 지금 나의 능력 밖에서 헤어디자이너로서의 큰 성과와 화려한 이력을 발휘할 수 있는 것도, 매 순간 최선을 다해 고객의 마음을 정성껏 다듬는 이 자리에 항상 하나님의 은혜가 함께하고 있음을 믿는다.

나는 이제 더 이상 '메밀꽃 향기 속에 태어난 외로운 아이'가 아니다. '아프고 방황하고 많이 흔들리던 청춘'도 아니다. 엄마의 믿음과 사랑의 약속 위에 세워진 디자이너로서, 한 사람의 인생에 작은 기적을 피워내는 청년으로서 내 모든 성공은 나를 지켜보시는 그분께 돌린다.

그리고 오늘도 나는 힘차고 당당하게 말한다.
"하나님! 저는 지금 여기 있습니다. 당신이 주신 한없는 은혜로 이 가위를 잡고 날마다 일어섭니다."

JUNO HAIR

depuis 1982

APPENDIX
부록

디자이너가 본 '준오헤어' 경영철학과 비전

기술에서 철학으로 무장한 기업

지난 1990년대까지만 해도 한국은 미용 기술의 '불모지'로 알려졌다. 미용산업 분야에서 체계화된 교육과 글로벌 헤어디자인의 마인드가 부재했기 때문이다. 그러나 강윤선 대표님이 이끄는 '준오헤어JUNO HAIR'가 척박한 환경에서 전 세계 10대 헤어 브랜드로 발전하며, 한국 미용업계의 위상을 새로 쓰고 있다. 그 놀라운 성장의 중심에는 단순한 기술을 넘어선 한 디자이너의 '경영철학'이 담겨 있다.

준오헤어는 젊은 디자이너가 꾸어야 할 꿈과 비전, 목표를 제시한다. '준오'의 강윤선 대표님은 "성공하려면 꿈을 그려야 한다"라면서 동료 디자이너들에게 꿈을 심어주려고 노력한다. 또 그는 "인간은 자신이 꿈꾸는 미래에 설레야 한다. 그래서 성공한 사람의 이야기가 담긴 책을 읽는 습관을 통해 성공에 대한 도전과 목표를 갖게 하는 동기부여가 필요하다"라며 독서경영을 실행하고 있다.

가능성을 이끈 경영: 무수저에서 연 매출 3천억

강윤선 대표님은 자본도, 배경도 없이 시작한 '무수저'로 출발한 헤어디자이너다. 하지만 그는 사람을 키우는 일이 곧 사업을 키우는 일이라는 신념을 바탕으로 준오헤어를 단순한 미용실이 아니라, 꾸준히 성장하는 헤어디자인 플랫폼으로 전환하는 데 성공했다.

그의 리더십은 단기간의 이익보다 장기적인 브랜드가치를 추구한다. 이는 곧 경영철학으로 굳어졌다. 훌륭한 지도자가 되기 위해서는 남이 노는 시간을 활용해 끊임없이 노력하라고 말한다. 하루 8시간은 누구나 일한다며, 그것은 경쟁이 아니라 일상이다. 진짜 경쟁은 남이 노는 시간에 일하는 것이다. 그리고 집중이 필요하다. 힘들게 일하면 우리 정신에도 근육이 생긴다고 가르친다.

교육이 곧 미래다: 미용계의 '하버드'를 꿈꾸다

준오헤어의 성공을 떠올릴 때, 가장 먼저 언급되는 것은 강윤선 대표님이 1993년 '비달사순'에서 직접 공부하고 돌아와 헤어디자인을 체계화한 교육 시스템이다. 강윤선 대표님은 최고의 헤어디자이너를 배출하기 위해 반드시 교육이 필요하다고 주장한다.

"최고는 요행으로는 절대 안 돼. 최고가 되려면 빠지지 않는 게 있어. 그 기본 바탕이 바로 '땀'이야. 힘들게 노력하고 내 몸을 써서 열심히 일하며 흘리는 그 땀이 없으면 절대로 최고가 될 수 없어."

이러한 강윤선 대표님의 인생철학이 디자이너의 가슴을 깊이 울렸다. 실제로 나도 경복대학교 준오헤어디자인과 시절 친구들이 낭만을 즐길 때, 일에 집중했다. 나는 매일 4~5시간 자면서 가위를 연습하고, 스타일을 연구하며 밤낮 헤어디자인에만 집중하며 살았다. 피와 땀, 그리고 눈물의 시간 없이 아무것도 얻을 수 없다는 것을 그때 깨달았다.

무엇보다 오직 가위에 인생을 걸고 몰입하면서, 결국 그것을 즐기게 되었다. 지금 나는 준오헤어에서 내가 원하던 꿈을 좇고 있다. 그리고 '준오'의 강윤선 대표님의 그 철학이 내게 단단히 덧

입혀 있다. 그래서 나는 그 꿈을 놓치지 않으려고 지금도 땀과 눈물을 쏟고 있다.

청담동 아카데미 설립: 헤어 이야기 담아

강윤선 대표님은 헤어디자인 산업 전체의 수준을 높이기 위해 청담동에 '준오헤어 아카데미'를 설립하고, 이론과 실습, 창의성과 인문학을 융합해 정교한 커리큘럼을 구축했다. 단지 기술자가 아닌 '미美'를 이해하는 전문가를 양성하는 것이 강 대표님이 추구하는 목표다. 결국 그의 경영철학은 한국 미용계 전반의 패러다임을 크게 바꾸어놓았다.

서울 강남구 청담동 준오헤어 아카데미하우스는 건축물이라는 하드웨어에 잔잔하고 감동적인 헤어디자인 소프트웨어 이야기를 담고 있다. 건물부터 특별한 콘셉트로 지었다. 테라스 천장에는 대형 스크린을 설치해 초승달부터 보름달까지 계속 뜨고 지는, 한 달간 변화의 모습을 담았다. 또 추석과 설날 등 명절은 명절대로 그 특징을 정감있게 표현하고 있다.

낭만과 추억, 감성적이고 서정적인 의미를 담고 있는 이 건물은 큰돈을 들여 지하에 기둥을 없앴다. 계단도 1자 형으로 뺐다. 계단은 단지 사람이 다니는 통로가 아니라 사람과 사람의 관계, 즉 '만남-연결-소통'이라는 콘셉트를 이야기하고 싶었다고 강조한다. 이 건물을 둘러본 사람들은 한결같이 "건축 책을 한 권 본 느낌"이라고 말한다. 이 놀라운 플랜이 모두 강윤선 대표님의 창의성에서 비롯되었다.

8층 '윤선의 숲'은 가을엔 감나무에 감이 익어가고, 밭고랑에는 물이 흐른다. 책장엔 준오헤어 디자이너가 읽어야 할 400여 권의 필독서가 꽂혀있다. 대개 4층은 숫자 때문에 사랑받지 못하는 공간이다. 그러나 강윤선 대표님은 어떻게 하면 이를 사랑받는 공간으로 만들까를 생각했다. 그리고 사람들이 꺼리던 이 4층을 사랑받는 곳으로 꾸며내는 놀라운 역발상의 창작 공간으로 재탄생시켰다. 준오헤어 동료들은 강윤선 대표님의 패러다임을 바꾸는 그 독창성에 놀라움을 금치 못할 때가 많다.

리더십 교육: 좋은 리더가 매장을 바꾼다

강윤선 대표님은 '리더십 leadership' 교육을 주요 항목 중 하나로 꼽는다. 그는 늘 한 매장의 성패는 단 한 명의 리더가 좌우한다고 말한다. 강 대표님은 준오의 리더는 단순한 운영자가 아닌 영향력 있는 코치, 동기부여자, 인재 양성자로 성장하도록 집중적으로 육성하고 있다. 그래서 준오헤어 매장은 단순 상업 공간이 아니라, 성장의 공동체로 작동하는 경영시스템이 핵심 요소로 자리매김하고 있다.

나도 차츰 직위가 올라가면서 어느 곳이든, 무엇을 하든 리더가 굉장히 중요하다는 것을 체험한다. 실제로 강윤선 대표님은 200여 매장을 운영하면서 어떤 곳은 인테리어를 바꾸지 않았는데, 단지 리더 한 사람이 바뀌면서 급성장하는 경우를 종종 경험하고 리더의 역할이 필요하다고 강조한다. 그가 준오헤어의 미용인재를 키우는 데 힘을 쏟고 있는 이유다. 그리고 대표님은 이렇게 말한다.

"나는 경영의 문제는 '무엇 what'이 문제라기보다 결국 '누가 who'의 문제라고 본다. 리더가 누구냐가 굉장히 중요하다. 지금은 리더를 뽑는 데 신경을 많이 쓴다. 미용은 이직률이 높은 3D 업종이다. 나는 노래도 〈내 곁에 있어 줘!〉를 부를 만큼 미용 인재에 대해 깊은 애정을 갖고 있다. 물론 예비 리더에게도 관심을 쏟는다. 그래서 리더를 뽑을 땐 반드시 3배수를 염두에 둔다."

특히 강윤선 대표님은 경영 노하우에서 변치 않는 원칙이 있다. 바로 '멘토-멘티 시스템mentor & mentee system'을 실천하고 있다. 그래서 "사람은 무엇이든 배우거나 경험만 하면 어느 정도는 해낼 수 있다고 본다. 대개 몰라서 못하거나, 배움에 대한 자극이 없어서 못하는 것뿐"이라고 말한다.

그러면서 "준오헤어 디자이너 중에는 억대 연봉자가 수없이 많다. 똑같은 환경에서 스스로 일 잘하는 헤어디자이너들을 모아서 매주 '멘토-멘티 시스템'으로 배움이라는 자극을 주면서 '상생win-win'을 이끌어내기 위해 이 시스템을 구축하고 있다"고 강조한다.

마침내 그런 헤어디자인 철학 속에서 피워낸 강윤선 대표님이 좋아하는 명구가 탄생한다. "나는 세상을 강자와 약자, 성공과 실패로 나누지 않는다. 다만 나는 세상을 배우는 자와 배우지 않는 자로 나눈다."

고객은 단골을 넘어 가족: '진심'과 '신뢰성' 강조

"고객은 단골을 넘어 한 가족으로 만들어라!" 강윤선 대표님의 이 말은 준오헤어의 고객경영 철학을 담고 있다. 고객을 감동하게 만들어야 한 가족이 될 수 있다는 것이다. 이는 비단 최고의 기술과 서비스뿐만 아니라 사람에 대한 진심과 신뢰가 있어야 한다는 것이다.

준오헤어의 디자이너들은 머리카락이 아닌 삶을 다듬는다는 마음으로 고객을 맞이하며, 그 정성은 수많은 고객과 지속가능한 관계 자산으로 이어진다. 그래서 강윤선 대표님은 준오헤어 디자이너인 우리도 BTS처럼 고객과 팬클럽을 만들어 고객에게 감동을 안겨주자고 주장한다.

'준오'는 기술이 아니라 자존심을 판다!

준오는 스스로를 단지 헤어 서비스 업체로 보지 않는다. 강윤선 대표님은 "우리는 자존심을 판다 We sell pride"라는 말로 준오의 브랜드 정체성을 설명한다. 모든 구성원은 하나의 꿈, 같은 비전, 하나의 목표를 공유하고 있다. 이는 일하는 공간을 넘어 서로의 인생을 응원하는 공동체 문화를 만들자는 것이다.

공동체 구성원들 간의 유대감은 준오헤어를 단순한 직장이 아닌, 자부심의 공간으로 만든다는 것이 강윤선 대표님의 생각이다. 그리고 그가 던지는 "준오의 인테리어가 프라이드를 느낄만한가? 준오헤어 디자이너들은 스스로 내 기술에 프라이드를 느낄만한가?"라는 질문에는 최고에 대한 당당한 자부심이 담겨 있다.

실존적 철학: "즐겁게 살다가 의미 있게 죽자"

준오헤어의 '모토motto'는 단순하지만 깊고 묵직하다. "즐겁게 살다가 의미 있게 죽자!" 이 구절은 기업의 존재 이유를 넘어 인생의 방향까지 제시하는 강윤선 대표님의 깊은 통찰이 담겼다. 이와 같은 '준오'만의 꿈과 비전에서 준오헤어는 지금도 꾸준히 아름다운 꽃을 피우고 있다.

준오헤어의 핵심 경영철학이 담긴 '독서경영', '시스템 문화', '고객경영'은 모두 이 한 문장에서 비롯된다. 삶의 태도가 곧 브랜드가 되는 것이다. 강윤선 대표님은 준오헤어를 통해 잘사는 삶의 미학을 실현하고 있다.

강윤선 대표님의 '고뇌에 찬 명상의 산물!'

오늘 준오헤어의 성공은 결코 우연이 아니다. 그것은 치열한 자기반성과 깊은 통찰이 담긴 철학적 사유, 그리고 강윤선 대표님의 사람에 대한 믿음과 사랑이 만든 결과물이다.

헤어디자인이라는 산업을 넘어 사람과 문화, 미래를 키우는 강윤선 대표님의 혜안이 '준오'는 기술을 넘어 사람으로, 그리고 브랜드를 넘어 철학으로 향하고 있다. 이는 모두 인간 강윤선의 '고뇌에 찬 명상의 산물'에서 비롯된 것이다.

최훈민
헤어디자이너이자 감성의 작가
머리 위에 쓴 한 편의 시(詩), 그가 걸어온 시간들…

1996년 여름, 강원도 평창군 봉평면의 짙푸른 녹음이 우거진 곳에서 태어났다. 어린 시절, 소박한 시골 마을의 바람과 메밀꽃을 벗 삼아 뛰놀던 그는 봉평 초·중·고를 거치며 자라난 순수한 감수성을 마음속 깊이 간직한 자유로운 영혼의 소유자다.

고교 졸업 이후 곧바로 경기도 경복대학교 준오헤어디자인학과의 문을 두드린 그는 낯선 도시의 분주함 속에서도 헤어디자이너라는 야무진 꿈을 단 한순간도 놓치지 않고 살았다. 재학 중이던 2016년 강원도 백골부대에서 병장으로 만기 전역하며 단단해진 책임감과 영육 간의 건강한 인간미를 몸에 새겼다.

졸업 무렵, 준오헤어 논현점에서 보낸 두 해의 인턴 시절은 완성을 향한 첫걸음이었다. 이후 발령받은 홍대입구역점에서 부원장으로 올라설 때까지 단 한 번도 꿈을 좇는 걸음을 멈추지 않았다. "머리끝에서부터 마음까지"라는 그의 모토는 연봉 3억 원을 훌쩍 넘는 성과로 증명되었다.

특히 놀라운 그의 팬덤(fandom)은 일본, 제주, 부산, 천안 등지에서 매달 비행기와 KTX를 타고 찾아오는 500여 명의 단골 고객으로 구성됐다. 이들은 스스로를 '최훈민 매니악(maniac)'이라고 부르며 진정한 팬덤을 형성했다.

그의 탁월함은 결코 우연이 아니다. 대학 시절부터 홍대, 신촌, 청담동 등지를 샅샅이 누비며 10년간 쌓아온 헤어 이미지트레이닝 노하우, 무려 10만 명이 넘는 체험자의 헤어 변신 기록은 모두 '최훈민 헤어'라는 하나의 완벽한 캔버스에 녹아들어 숨 쉬며 지금 놀라운 능력을 발휘하고 있다.

그는 이제 단순한 디자이너를 넘어, 사람의 자존심과 이야기를 커트와 컬러로 그려내는 작가가 되었다. 머리카락 한 올 한 올마다 깃든 그의 철학은 당신의 내일을 눈부시게 비추는 작은 '시(詩)'가 될 것이다.

JUNO HAIR

depuis 1982

준오헤어와 함께한 시간

헤어디자이너 최훈민이 걸어온 시간의 결이자,
그가 몸담았던 큰 숲, '준오헤어'라는 무대의
일상을 품은 소중한 기록입니다.

청담동 준오헤어아카데미하우스의 깊은 숨결,
시크chic한 그곳에 깃든 배움과 성장의 시간,
준오헤어 곳곳에서 피어난 꿈과 감동의 순간,
그 모든 이야기를 사진으로 모았습니다.

무대 뒤의 진심, 행사장의 떨림과 환호,
디자이너들의 뜨거운 눈빛까지….

"준오헤어 아카데미하우스" — 서울 강남구 청담동 '준오 아카데미하우스'는 국내 최초 미용 전문 준오헤어의 교육전용 플래그십 공간이다. 지하 3층 지상 8층의 팬시한 외형만큼이나 지하층은 기둥을 없애 넓은 실내 공간을 확보하여 교육, 강연, 콘퍼런스 등 다목적으로 활용되고 있다. 지하철 7호선 역세권이다.

"준오 아카데미 지하 2층 직선 계단" — 만남과 소통을 잇는 길, 준오 아카데미하우스의 직선 계단은 꺾임이 없이 곧게 뻗어 있다. 준오의 직선 계단은 단순한 통로가 아니다. 이는 강윤선 대표의 철학처럼, 사람과 사람이 이어지고 소통하는 공간으로 설계된, 헤어 인생의 깊은 통찰을 담아낸 상징적 동선이다.

"윤선의 숲" — 강윤선 대표의 이름을 딴 8층 '윤선의 숲'은 매달 강 대표가 직접 추천하는 책, 자연, 사람의 교감이 어우러진 힐링형 멀티 공간이다. 특히 독서 습관을 반영한 곳으로 강윤선 대표의 독서 철학이 묻어 있으며, 400여 권의 책이 꽂혀 있다.

"아카데미하우스 강의실" — 아카데미하우스 강의실은 현장 중심 교육체계 및
유연한 커리큘럼 구성, 프리미엄 교육 환경을 모두 갖춘 공간으로 유명하다.
수강생 중심 설계로 넓은 여유 공간, 따뜻한 조명, 시크한 인테리어가
어우러진 준오가 지향하는 최고 스타일의 강의실로 꾸며졌다.

넘어지는 것은 너의 잘못이 아니지만,
일어나지 않는 것은 너의 잘못이다.
MY LIFE IS MY RESPONSIBILITY.
TO FALL IS NOT YOUR FAULT,
BUT NOT TO GET UP ON YOUR FEET WILL BE.
JUNOACADEMY

최선이 아니면 시작하지 말고
최고가 아니면 끝내지 마라.
PROMISE TO BE THE BEST.
DO NOT START IF IT IS NOT THE BEST.
DO NOT FINISH IF IT IS NOT THE BEST.

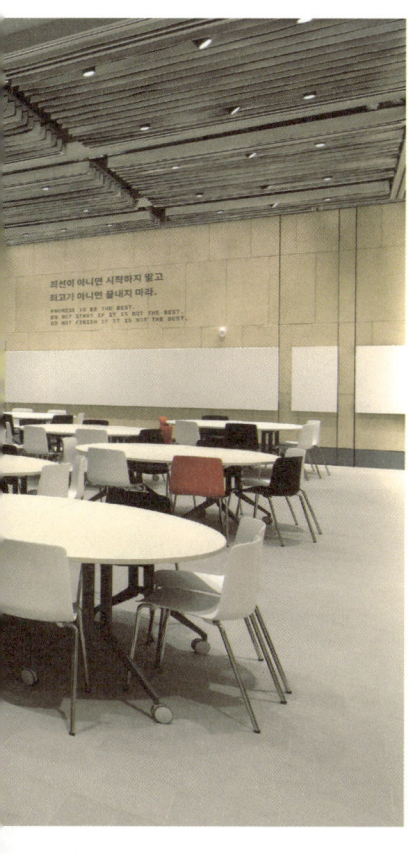

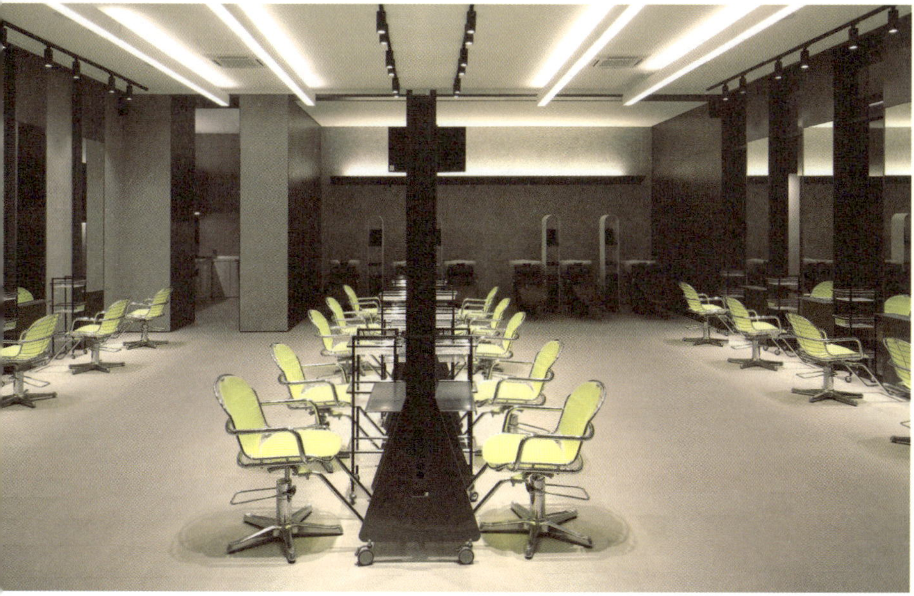

"준오헤어 쇼 무대" — 준오헤어 쇼 무대는 디자이너 교육의 마무리이자 문화적 퍼포먼스로서의 위상을 갖춘 행사다. 무대의 열정, 창의성, 기술, 감성을 모두 담아낸 완성도 높은 무대로 준오 아카데미의 교육 철학을 보여주는 상징적인 이벤트다.

"준오헤어 쇼 무대에서 강연하는 강윤선 대표"
— 꿈 너머의 꿈을 함께 그리자! 강윤선 대표가
무대에서 수강생과 디자이너들에게 함께 성장하고
상생하자는 메시지를 전하고 있다.

"준오 헤어디자이너 시상식" — 강윤선 대표가 쇼 무대에서 열정과 노력의 결실이 빛나는 감동의 순간을 만든 '가위 천사'들에게 따뜻한 미소와 함께 준오헤어 상을 수여하면서 이들을 격려하고 있다.

"준오헤어 쇼 피날레" — 화려한 조명 속,
모든 디자이너와 수상자들이 무대에 올라 하나
되어 환호하는 피날레. 준오헤어가 만들어낸
감동의 무대는 박수 속에 막을 내리고,
또 하나의 전설이 완성된다.

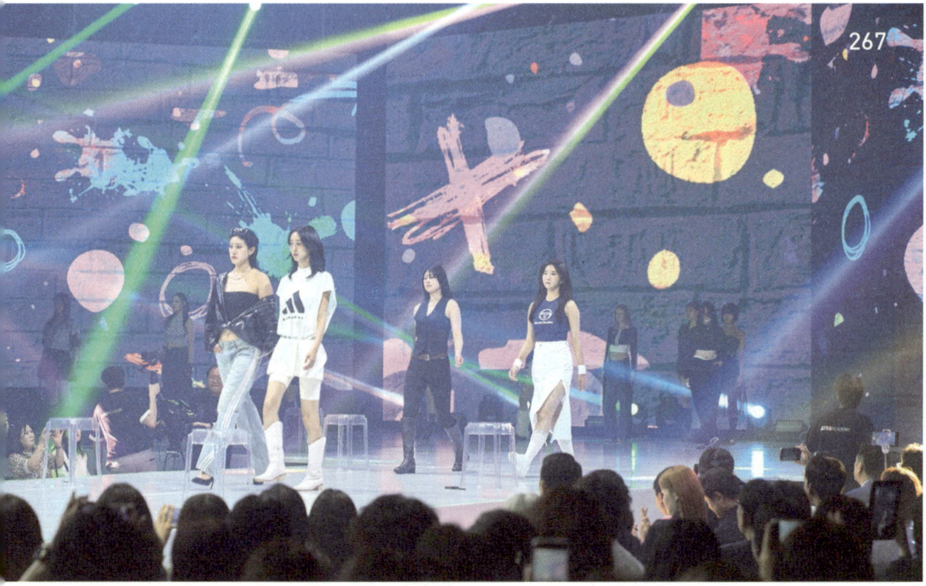

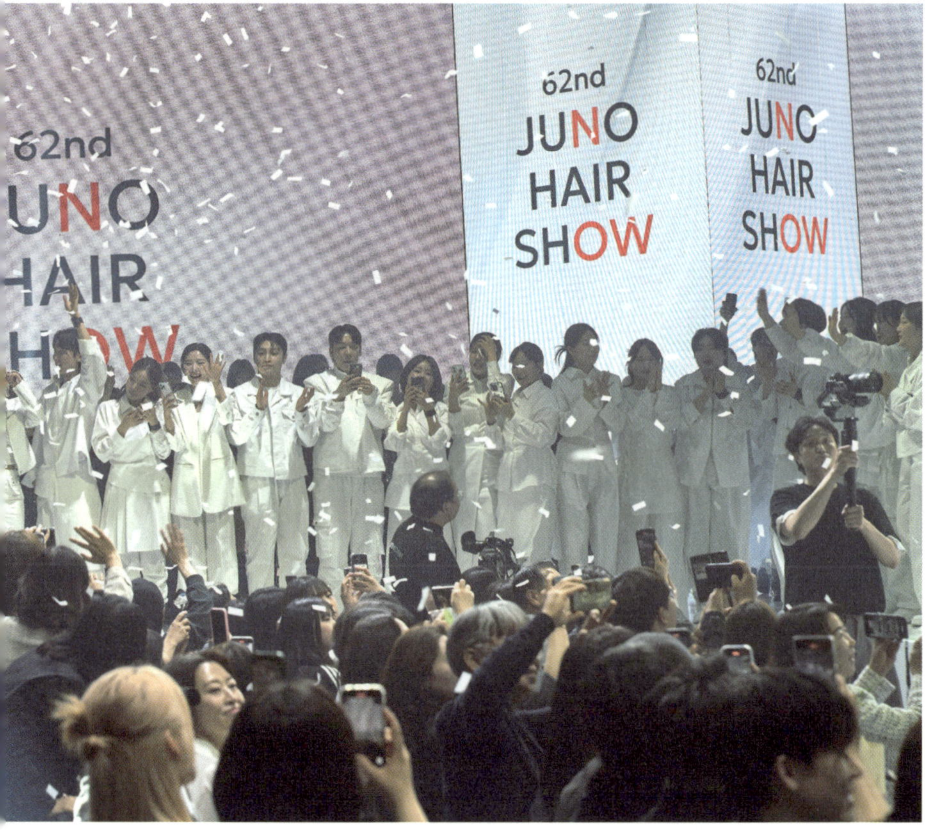
62nd
JUNO
HAIR
SHOW
62nd
JUNO
HAIR
SHOW

"준오헤어 독수리조찬 모임" — 기술은 손끝에서, 철학은 가슴에서:
4천여 명의 준오헤어 디자이너 중에서 상위 10%만 매달 모이는 준오헤어
독수리조찬에서 최훈민 부원장이 강윤선 대표로부터 상을 받고 있다.

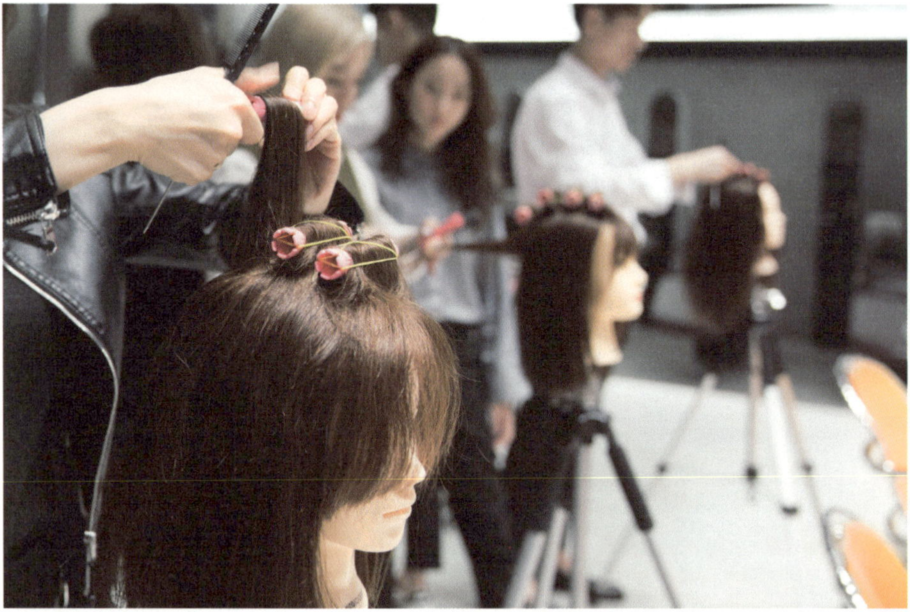

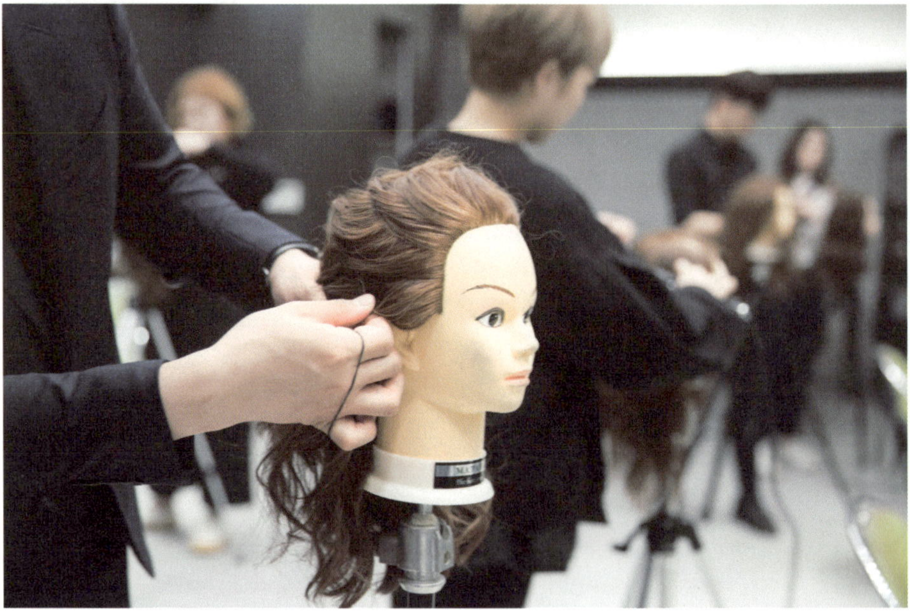

"준오헤어 인턴들의 실습" — 준오헤어 인턴들이 인형 가발을 앞에 두고 커트와 컬 시술을 반복 연습하고 있다. 가위를 잡은 손끝에는 정성과 열정이, 머리카락을 바라보는 눈빛에는 고객을 향한 사랑과 진심이 깃들어 있다. '가위는 나의 언어'라는 말처럼, 이들은 지금 기술을 넘어 감동의 가위질을 연마하고 있다.